SASKIA BACHMANN •
SEBASTIAN GERHOLD •
BERND-DIETRICH MÜLLER •
GERD WESSLING •

Klett

DRITTER BEREICH: **BEDEUTUNGSERSCHLIESSUNG UND -ENTWICKLUNG**

Erläuterungen:
Literarische Texte sind mit den Namen der Autoren gekennzeichnet. Z = Texte aus Zeitungen und Zeitschriften.
FT bedeutet: Fertigkeitstraining, z. B. FT Hören = Fertigkeitstraining Hören. [Kassettensymbol] = Dieser Text ist auf Kassette.

DRITTER BEREICH: **BEDEUTUNGSERSCHLIESSUNG UND -ENTWICKLUNG**

VIERTER BEREICH: **KULTURVERGLEICH**

VIERTER BEREICH: **KULTURVERGLEICH**

I M P R E S S U M

Projektleitung/Redaktion:
Eva-Maria Jenkins

Gestaltung:
Bruin van der Duim
Dick Nengerman

Bilder und Texte:
Siehe Quellenverzeichnis Seite 162

Weitere fotografische Gestaltung:
Henk Jan Jager

Kassette:
Bestellnummer 675024

Für die Unterrichtsvorbereitung:
- SICHTWECHSEL neu 1, 2, 3: Allgemeine Einführung. Bestellnummer 675022
- SICHTWECHSEL neu 2: Unterrichtsbegleiter. Bestellnummer 675016

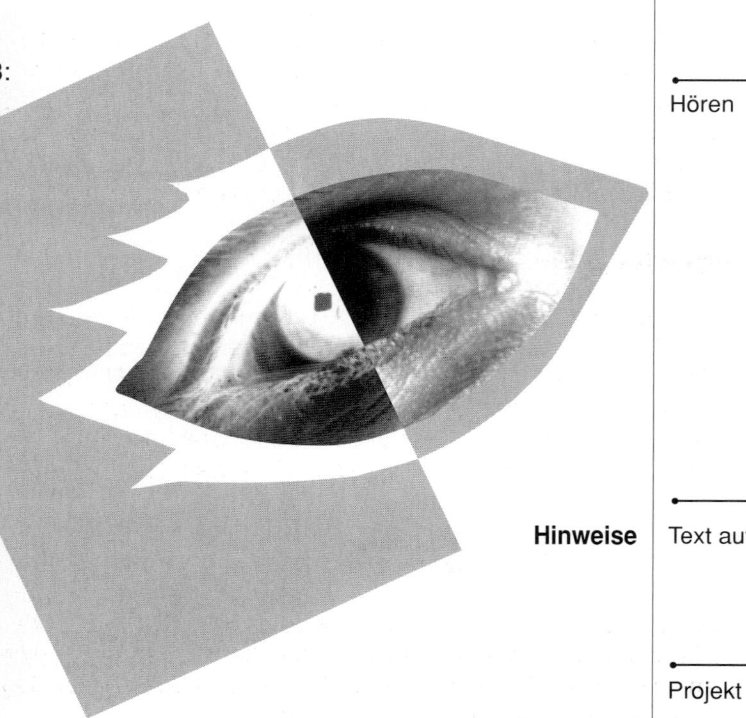

Piktogramme:

Fertigkeitstraining
- Lesen
- Schreiben
- Sprechen
- Hören

Hinweise

- Text auf Kassette
- Projekt
- Spiel

- Weiter im Arbeitsbuch
- Lösungsvorschläge

1. Auflage 1 5 4 3 2 | 2000 99 98 97

Umschlag: Bruin van der Duim, Dick Nengerman
Satz: Utesch Satztechnik GmbH, Hamburg
Repro: Utesch Satztechnik GmbH, Hamburg und Van Hebel BV, Groningen
Druck: Grafos S.A., Barcelona
Printed in Italy

ISBN 3-12-**675021**-4

EINLADUNG

ZU EINER ENTDECKUNGSREISE

SICHTWECHSEL 2

ABENTEUER

SICHTWECHSEL nimmt Sie mit auf eine Entdeckungsreise. Es ist eine Entdeckungsreise ins Abenteuer, in das Abenteuer einer fremden Sprache und Kultur.
Die Überfahrt, die Sie mit dem ersten Band begonnen haben, geht nun weiter. Einige wichtige Erfahrungen bringen Sie dafür mit.

ERFAHRUNGEN

In der Arbeit mit den Texten und Bildern in SICHTWECHSEL 1 haben Sie neue Einsichten gewonnen und Kenntnisse erworben: Sie haben zum Beispiel einiges über Ihre Wahrnehmung der eigenen und der fremden Wirklichkeit erfahren. Sie haben die unterschiedliche Bedeutung von Begriffen in Ihrer und der deutschen Sprache untersucht. Sie haben Ihre Fähigkeit, schwierige und längere Hör- und Lesetexte zu verstehen, trainiert. Sie haben Ihre Wortschatzkenntnisse erweitert und Ihr Grammatikverständnis vertieft. Beim Geschichtenerzählen haben Sie Stimme und Körper gezielt eingesetzt. Und bei aller Anstrengung haben Sie hoffentlich auch die Entdeckerfreude an dem Neuen genossen und bei allem Ernst auch Ihren Spaß gehabt!

WIE WO WAS

In diesem zweiten Band werden Sie einiges wiedererkennen, zum Beispiel den Aufbau des Buches, die Verknüpfung von Text- und Arbeitsbuch, die Piktogramme, die intensive Gestaltung. Dennoch sollten Sie auch diesen Band wieder mit einer „Lehrwerksrallye" beginnen. Schauen Sie sich in mehreren „Mannschaften" das Buch an: das Inhaltsverzeichnis, die Überschriften der Bereiche und Teile, Texte und Bilder. Dann stellen sich die „Mannschaften" gegenseitig zehn knifflige Fragen zum Buch.

PROJEKTE

Auch in diesem Band finden Sie Anregungen für Projekte. Suchen Sie sie heraus, und überlegen Sie, ob Sie eins dieser Projekte oder ein ganz anderes machen möchten. Stellen Sie Ihr Projektthema der Gruppe vor, und werben Sie für Mitmachpartner, indem Sie genau erklären, was Sie sich unter dem Thema vorstellen und warum Sie dieses Projekt gerne machen möchten. Wenn Sie zwei oder drei Interessenten gefunden haben, setzen Sie sich zusammen, und stellen Sie einen Zeit- und Arbeitsplan auf.

HILFEN

Haben Sie zum ersten Band Nachhilfegruppen gebildet? Wissen Sie noch, wer von Ihnen auf welchem Gebiet den anderen ratend beistehen kann? Sehen Sie sich das Inhaltsverzeichnis an, und stellen Sie fest, wo Ihre Stärken und Schwächen liegen. Stellen Sie eventuell neue Nachhilfegruppen zusammen.

GUTE REISE

So, und nun wünschen wir Ihnen eine genussvolle und vergnügliche Weiterfahrt.

Übrigens:
Wie die Reise in Band 3 weitergeht, entdecken Sie auf den Seiten 163–167.

Autoren und Verlag

SICHTWECHSEL 2
BEDEUTUNGSERSCHLIESSUNG UND -ENTWICKLUNG

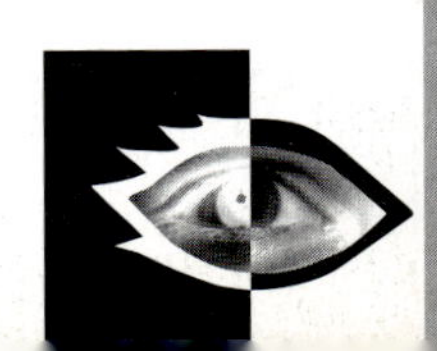

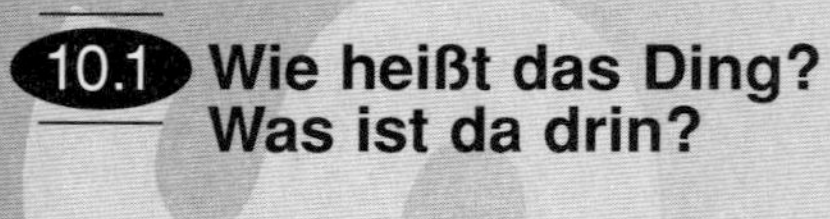

10.1 Wie heißt das Ding? Was ist da drin?

Wer gibt es wem?
Was geschieht dann?
Zu/Aus welchem Anlass bekommt man das?
Ist das ein wichtiges Ereignis?
Wird da ein Fest gefeiert?
Ist das ein öffentliches oder privates Ereignis?
Spricht man darüber?
Muss man oder darf man gratulieren? Wenn ja, wem?
Sollte man etwas schenken?
Muss man sich besonders anziehen?
Geht man hin, oder sollte man anrufen?
Bekommt man eine Einladung, oder geht man einfach hin?
Kann man jemanden mitbringen?
Gibt es etwas zu essen?
...

Wem kann ich all diese Fragen stellen?
Wird von mir etwas erwartet?

10.2 Wie war das eigentlich?

In diesem Jahr kam ich Ostern in die Schule. Es gibt noch ein Bild, das mich mit einer großen Schultüte zeigt, die bei uns Zuckertüte hieß. Meine Zuckertüte war zu zwei Dritteln mit Papier vollgestopft. Nur oben lagen ein wenig Obst, Schokolade und Bonbons.

In der Klasse wollte natürlich jeder jedem in die Zuckertüte sehen. Ich lehnte ab, ein paar andere Jungen auch. Wir schämten uns, weil man tiefer als eine Handbreit nicht hineinsehen durfte, ohne das Papier zu bemerken. Meine Großmutter hatte mich in die Schule begleitet. Weder mein Vater noch meine Mutter hatten dafür Zeit. Meine Mutter bekam von ihrem Dienstherren nicht frei, und mein Vater lief irgendwo auf der Suche nach Arbeit herum. Das war schon bitter für mich. Die anderen Kinder waren mit ihren Eltern gekommen oder doch wenigstens mit einem Elternteil. Einige Väter, die ihre Sprösslinge in die Schule begleiteten, kamen in der braunen Uniform der SA, denn wenige Wochen vorher war Adolf Hitler Reichskanzler geworden.

Aus: Max von der Grün, Kindheit und Jugend im Dritten Reich

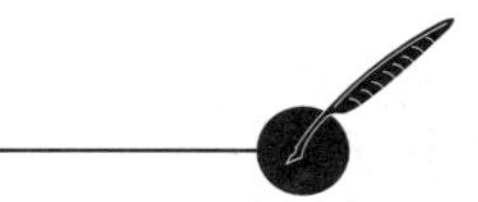

Wie war das bei Ihnen?

Schreiben Sie einen Paralleltext:
- Wann war das?
- Was ist Ihnen als wichtigstes „Bild" geblieben?
- Was möchten Sie dazu erzählen?

AB

TEEKESSELSPIEL

Wenn zwei dasselbe sagen, denken sie meist doch nicht das Gleiche. Besonders nicht bei diesem Spiel, denn hier kommt es darauf an, Wörter mit verschiedenen Bedeutungen zu finden. Zwei Personen denken z. B. an das Wort BIRNE. Die Erste sagt dann der Gruppe: „Meinen Teekessel kann man essen." Die Zweite: „Meinen Teekessel darf man nicht essen, das wäre gefährlich. Mein Teekessel ist hart, aber zerbrechlich." Die Erste: „Mein Teekessel ist hart oder weich." Wenn jemand in der Gruppe das Wort gefunden hat, sagt er es nicht sofort, sondern versucht, durch Fragen den anderen zu helfen: „Ist dein Teekessel manchmal grün?" oder: „Ist dein Teekessel aus Glas?"
Im Wörterbuch finden Sie viele „Teekessel".

10.3 Was wird hier gefeiert?

Stellen Sie Suchfragen.

Fest

geburtstag feier

Bild 1

Fest

Bild 2

goldenen Hochzeit

Fest

confirmation

Bild 3

Fest

Bild 4

10.4 Was ist ARBEIT?

1. Bitte entscheiden Sie jede/r für sich, ob es sich bei den folgenden Tätigkeiten um ARBEIT handelt. Wählen Sie dann fünf Fälle aus, und geben Sie die Kriterien für Ihre Entscheidung an.

	TÄTIGKEIT	ARBEIT JA=X NEIN=O	KRITERIUM
1.	Ein Priester trinkt nach einer Taufe mit der Familie Kaffee.	O	weil ich meine Familie liebe
2.	Ein Arbeiter trägt ein Werkzeug von einer Seite der Halle zur anderen, damit der Meister nicht sieht, dass er keine Arbeit hat.		
3.	Kinder bauen am Strand eine Burg.	O	Burg bauen am Strand ist viel Spaß
4.	Ein Unteroffizier zielt auf einen Pappkameraden.	X	Daß ist schwer und nicht so viel spaß
5.	Ein Chauffeur wartet auf den Direktor.	O	Er kann ein gutes Buch lesen
6.	Eine Angestellte wartet auf der Toilette auf das Ende der Arbeitszeit.	X	Wenn man der Toilette aufwarten muss, hat man schmerzhaft
7.	Ein Deutschlehrer geht ins Theater.	O	Das Theater ist viel spaß
8.	Eine Animierdame lässt sich zum Whisky einladen.	X	Whiskey trinken gibt mir ein bauchschmerzen
9.	Frau Karla S. hat Kurzarbeit und näht sich einen Rock.		
10.	Bauern kippen Obst ins Meer.		
11.	Schüler diskutieren in der Pause über den Unterrichtsstil des Lehrers.		
12.	Ein Mann gräbt ein Loch in die Erde und schüttet es wieder zu.		
13.	Ein Hund bellt den Briefträger an.		
14.	Eine Ehefrau macht sich jeden Abend um 19 Uhr für ihren Mann schön.		
15.	Eine Ameise repariert mit anderen ihren Bau, den ein Spaziergänger zerstört hat.		

2. Vergleichen Sie die Kriterien für ARBEIT in Ihrer Gruppe. Versuchen Sie, die Unterschiede zu erklären.

AB

3. Überlegen Sie sich eine ähnliche Beispielsammlung für SPIEL, GLÜCK, FAULHEIT u. ä. Diskutieren Sie über diese Begriffe, und begründen Sie Ihre Meinung.

10.5 Anekdote zur Senkung der Arbeitsmoral

In einem Hafen an einer westlichen Küste Europas liegt ein ärmlich gekleideter Mann in seinem Fischerboot und döst.

Ein schick angezogener Tourist legt eben einen neuen Farbfilm in seinen Fotoapparat, um das idyllische Bild zu fotografieren: blauer Himmel, grüne See mit friedlichen schneeweißen Wellenkämmen, schwarzes Boot, rote Fischermütze. Klick. Noch einmal: klick, und da aller guten Dinge drei sind und sicher sicher ist, ein drittes Mal: klick. Das spröde, fast feindselige Geräusch weckt den dösenden Fischer, der sich schläfrig aufrichtet, schläfrig nach seiner Zigarettenschachtel angelt; aber bevor er das Gesuchte gefunden, hat ihm der eifrige Tourist schon eine Schachtel vor die Nase gehalten, ihm die Zigarette nicht gerade in den Mund gesteckt, aber in die Hand gelegt, und ein viertes Klick, das des Feuerzeuges, schließt die eilfertige Höflichkeit ab.

Durch jenes kaum messbare, nie nachweisbare Zuviel an flinker Höflichkeit ist eine gereizte Verlegenheit entstanden, die der Tourist – der Landessprache mächtig – durch ein Gespräch zu überbrücken versucht.

„Sie werden heute einen guten Fang machen."

Kopfschütteln des Fischers.

„Aber man hat mir gesagt, dass das Wetter günstig ist."

Kopfnicken des Fischers.

„Sie werden also nicht ausfahren?"

Kopfschütteln des Fischers, steigende Nervosität des Touristen. Gewiss liegt ihm das Wohl des ärmlich gekleideten Menschen am Herzen, nagt an ihm die Trauer über die verpasste Gelegenheit.

„Oh, Sie fühlen sich nicht wohl?"

Endlich geht der Fischer von der Zeichensprache zum wahrhaft gesprochenen Wort über. „Ich fühle mich großartig", sagt er. „Ich habe mich nie besser gefühlt." Er steht auf, reckt sich, als wolle er demonstrieren, wie athletisch er gebaut ist. „Ich fühle mich phantastisch."

Der Gesichtsausdruck des Touristen wird immer unglücklicher, er kann die Frage nicht mehr unterdrücken, die ihm sozusagen das Herz zu sprengen droht:

„Aber warum fahren Sie dann nicht aus?"

Die Antwort kommt prompt und knapp: „Weil ich heute morgen schon ausgefahren bin."

„War der Fang gut?"

„Er war so gut, dass ich nicht noch einmal auszufahren brauche, ich habe vier Hummer in meinen Körben gehabt, fast zwei Dutzend Makrelen gefangen ..."

Der Fischer, endlich erwacht, taut jetzt auf und klopft dem Touristen beruhigend auf die Schultern. Dessen besorgter Gesichtsausdruck erscheint ihm als ein Ausdruck zwar unangebrachter, doch rührender Kümmernis.

„Ich habe sogar für morgen und übermorgen genug", sagt er, um des Fremden Seele zu erleichtern. „Rauchen Sie eine von meinen?"

„Ja, danke."

Zigaretten werden in Münder gesteckt, ein fünftes Klick, der Fremde setzt sich kopfschüttelnd auf den Bootsrand, legt die Kamera aus der Hand, denn er braucht jetzt beide Hände, um seiner Rede Nachdruck zu verleihen.

„Ich will mich ja nicht in Ihre persönlichen Angelegenheiten mischen", sagt er, „aber stellen Sie sich mal vor, Sie führen heute ein zweites, ein drittes, vielleicht sogar ein viertes Mal aus, und Sie würden drei, vier, fünf, vielleicht gar zehn Dutzend Makrelen fangen ... stellen Sie sich das mal vor."

Der Fischer nickt.

„Sie würden", fährt der Tourist fort, „nicht nur heute, sondern morgen, übermorgen, ja, an jedem günstigen Tag zwei-, dreimal, vielleicht viermal ausfahren – wissen Sie, was geschehen würde?"

Der Fischer schüttelt den Kopf.

„Sie würden sich in spätestens einem Jahr einen Motor kaufen können, in zwei Jahren ein zweites Boot, in drei oder vier Jahren könnten Sie vielleicht einen kleinen Kutter haben, mit zwei Booten oder dem Kutter würden Sie natürlich viel mehr fangen – eines Tages würden Sie zwei Kutter haben, Sie würden ...", die Begeisterung verschlägt ihm für ein paar Augenblicke die Stimme, „Sie würden ein kleines Kühlhaus bauen, vielleicht eine Räucherei, später eine Marinadenfabrik,

1. Hören Sie den Anfang des Textes auf der Kassette.
   – Wo ist das wohl?
   – Was empfinden Sie?

2. Setzen Sie sich in Zweiergruppen zusammen, und erarbeiten Sie den Text.

   Spielen Sie ihn dann in einigen Szenen der ganzen Gruppe vor.

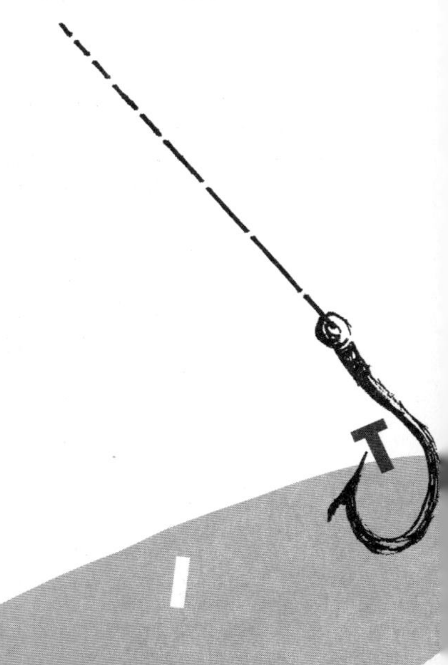

mit einem eigenen Hubschrauber rundfliegen, die Fischschwärme ausmachen und Ihren Kuttern per Funk Anweisung geben. Sie könnten die Lachsrechte erwerben, ein Fischrestaurant eröffnen, den Hummer ohne Zwischenhändler direkt nach Paris exportieren – und dann …“, wieder verschlägt die Begeisterung dem Fremden die Sprache. Kopfschüttelnd, im tiefsten Herzen betrübt, seiner Urlaubsfreude schon fast verlustig, blickt er auf die friedlich hereinrollende Flut, in der die ungefangenen Fische munter springen. „Und dann“, sagt er, aber wieder verschlägt ihm die Erregung die Sprache.

Der Fischer klopft ihm auf den Rücken, wie einem Kind, das sich verschluckt hat.

„Was dann?“, fragt er leise.

„Dann“, sagt der Fremde mit stiller Begeisterung, „dann könnten Sie beruhigt hier am Hafen sitzen, in der Sonne dösen – und auf das herrliche Meer blicken.“

„Aber das tu ich ja schon jetzt“, sagt der Fischer, „ich sitze beruhigt am Hafen und döse, nur Ihr Klicken hat mich dabei gestört.“

Heinrich Böll

3. Wofür arbeitet der Fischer?
   Wofür arbeitet der Tourist?

4. Diskutieren Sie den Titel.

AB

Hans Traxler: Deutsche in aller Welt

„Wenn Sie das Rauchen aufgäben, würden Sie sich bald besser fühlen!“

10.6 Reden über das Reden

1. – Bitte lesen Sie die folgenden Dialogausschnitte.

   a) A: In Ihrem Land gibt es keine Freiheit.
      B: Wieso? Mein Land ist frei von Hunger und Analphabetentum.
      A: Ja, aber …

   b) A: Bist du eigentlich glücklich?
      B: Ja, ich bin gut verheiratet, und wir haben eine hübsche Wohnung.
      A: Ja, aber …

   c) A: Ja, das glaub' ich schon, dass die Umstellung schwierig ist für euch, wenn ihr in ein zivilisiertes Land kommt.
      B: Nennen Sie das Zivilisation, wenn Hunde auf dem Sofa liegen dürfen?
      A: Ja, aber …

   d) A: Hast du gestern gut gegessen?
      B: Ja, Kartoffeln mit Quark, große Klasse.
      A: Das nennst du „essen"? …

   e) A: Hast du schon die neue Sommermode gesehen? Verrückt was?
      B: Das interessiert mich nicht so sehr.
      A: Aber das ist doch wichtig …

   f) A: Welches Deodorant nimmst du?
      B: Ich nehm' so was nicht.
      A: Ja, aber …

   – Wie könnten die Gespräche weitergehen? Schreiben Sie bitte eine Fortsetzung.

nd wie viele Konflikte werden dadurch vermieden, dass sich Leute nicht verstehen.

2. Wenn die Kommunikation nicht klappt, liegt das häufig daran, dass jeder unter einem Begriff etwas anderes versteht, man redet also aneinander vorbei. Da hilft dann oft nur das „Reden über das Reden":

   Beispiel a)
   „Moment mal. Ich glaub', du verstehst etwas anderes unter Freiheit als ich. Für mich bedeutet Freiheit …"

11.1 Zwei und zwei macht eins

Max Ernst „Zwei und zwei macht eins – 1925“

Man sieht den Wald vor lauter Bäumen nicht

Man sieht die Bäume vor lauter Wald nicht

11.2 Mein WALD – Unser WALD

1. Assoziieren Sie zu dem Begriff WALD in Ihrer Sprache. Arbeiten Sie allein.

•MEIN•

2. In der Gruppe:

Tragen Sie die Assoziationen, die mehrfach genannt wurden, in das folgende Schema ein. Falls Sie in einem multinationalen Kurs sind, setzen Sie sich dazu in nationale Gruppen zusammen.

3. Ordnen Sie die Mehrfachnennungen nach ihrer Häufigkeit.

11.3 Waldgedichte

Gefunden

Ich ging im Walde
So für mich hin,
Und nichts zu suchen,
Das war mein Sinn.

Im Schatten sah ich
Ein Blümchen stehn,
Wie Sterne leuchtend,
Wie Äuglein schön.

Ich wollt' es brechen,
Da sagt' es fein:
Soll ich zum Welken
Gebrochen sein?

Ich grub's mit allen
Den Würzlein aus,
Zum Garten trug ich's
Am hübschen Haus.

Und pflanzt' es wieder
Am stillen Ort;
Nun zweigt es immer
Und blüht so fort.

Johann Wolfgang von Goethe (1749–1832)

Bäume

Wieder hat man in der Stadt,
um Parkplätze zu schaffen,
Platanen gefällt.
4 Sie wussten viel.
Wenn wir in ihrer Nähe waren,
begrüßten wir sie als Freunde.
Inzwischen ist es fast
8 zu einem Verbrechen geworden,
nicht über Bäume zu sprechen,
ihre Wurzeln,
den Wind, die Vögel,
12 die sich in ihnen niederlassen,
den Frieden,
an den sie uns erinnern.

Walter Helmut Fritz (1929)

Abschied

O Täler weit, o Höhen,
O schöner, grüner Wald,
Du meiner Lust und Wehen
4 Andächt'ger Aufenthalt!
Da draußen, stets betrogen,
Saust die geschäft'ge Welt,
Schlag noch einmal die Bogen
8 Um mich, du grünes Zelt!

Wenn es beginnt zu tagen,
Die Erde dampft und blinkt,
Die Vögel lustig schlagen,
12 Dass dir dein Herz erklingt:

Da mag vergehn, verwehen
Das trübe Erdeleid.
Da sollst du auferstehen
16 In junger Herrlichkeit!

Da steht im Wald geschrieben
Ein stilles ernstes Wort,
Von rechtem Tun und Lieben,
20 Und was des Menschen Hort.
Ich habe treu gelesen,
Die Worte schlicht und wahr,
Und durch mein ganzes Wesen
24 Ward's unaussprechlich klar.

Bald werd' ich dich verlassen,
Fremd in die Fremde gehn,
Auf bunt bewegten Gassen
28 Des Lebens Schauspiel sehn;
Und mitten in dem Leben
Wird deines Ernsts Gewalt
Mich Einsamen erheben,
32 So wird mein Herz nicht alt.

Joseph von Eichendorff (1788 – 1857)

Die Wälder schweigen

Die Jahreszeiten wandern durch die Wälder.
Man sieht es nicht. Man liest es nur im Blatt.
Die Jahreszeiten strolchen durch die Felder.
Man zählt die Tage. Und man zählt die Gelder.
Man sehnt sich fort aus dem Geschrei der Stadt.

Das Dächermeer schlägt ziegelrote Wellen.
Die Luft ist dick und wie aus grauem Tuch.
Man träumt von Äckern und von Pferdeställen.
Man träumt von grünen Teichen und Forellen.
Und möchte in die Stille zu Besuch.

Die Seele wird vom Pflastertreten krumm.
Mit Bäumen kann man wie mit Brüdern reden
und tauscht bei ihnen seine Seele um.
Die Wälder schweigen. Doch sie sind nicht stumm.
Und wer auch kommen mag, sie trösten jeden.

Man flieht aus den Büros und den Fabriken.
Wohin, ist gleich! Die Erde ist ja rund!
Dort, wo die Gräser wie Bekannte nicken
und wo die Spinnen seidne Strümpfe stricken,
wird man gesund.

Erich Kästner (1899 – 1974)

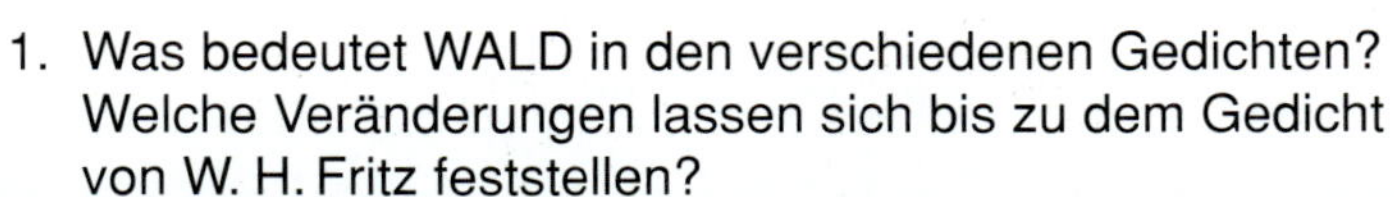

1. Was bedeutet WALD in den verschiedenen Gedichten? Welche Veränderungen lassen sich bis zu dem Gedicht von W. H. Fritz feststellen?

2. Lernen Sie ein Gedicht auswendig.

11.4 WALD in verschiedenen Kulturen

1. Assoziationen von Deutschen:

Gisela

Bäume, Zweige, Nadeln, grün, braun, verdorrt, Tod, Pflanzen, Waldsterben

Sabine

Bäume, Wege, spazieren gehen, grün, Geruch, CO_2, Freizeit

Klaus

Baum, Weg, weich, braun, gelb, ocker, Herbst, Frühling, Fülle, Leere, Wild, Pilze

Willi

grün, Baum, Feuer, spazieren gehen, Holz fällen, Tannen, Eichen, Buchen, Moos, Wasser, Berge

Charlotte

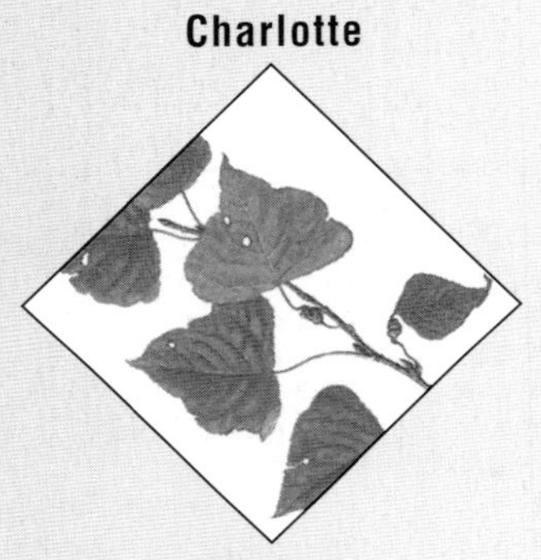

dunkel, grün, lebendig, Beeren, Gefahr, Natur, Stille, wandern, Holz, Bäume, riechen, Zeit, Weite, Wege, Bäche, Moos, Langlauf, Angst

Gudrun

duftend, grün, krank, dunkel, wandern, spazieren gehen, Natur, Mythos, Legende, Naturschutz, Flucht

Robert

grün, dunkel, Kathedrale, Lichtung, Sonnenstrahlen, Nadelgeruch, Pflanzen, saurer Regen

Monika

spazieren gehen, Ruhe, wandern, Wipfel, Märchen, Rotkäppchen, kalt, dunkel

Georg

gruseln, kalt, Natur, trimmen, grün, Räuber, Idylle, Ruhe

2. Welche Assoziationen in 1. tauchen mehrmals auf?
   Tragen Sie gemeinsame deutsche Assoziationen in das Schema ein.

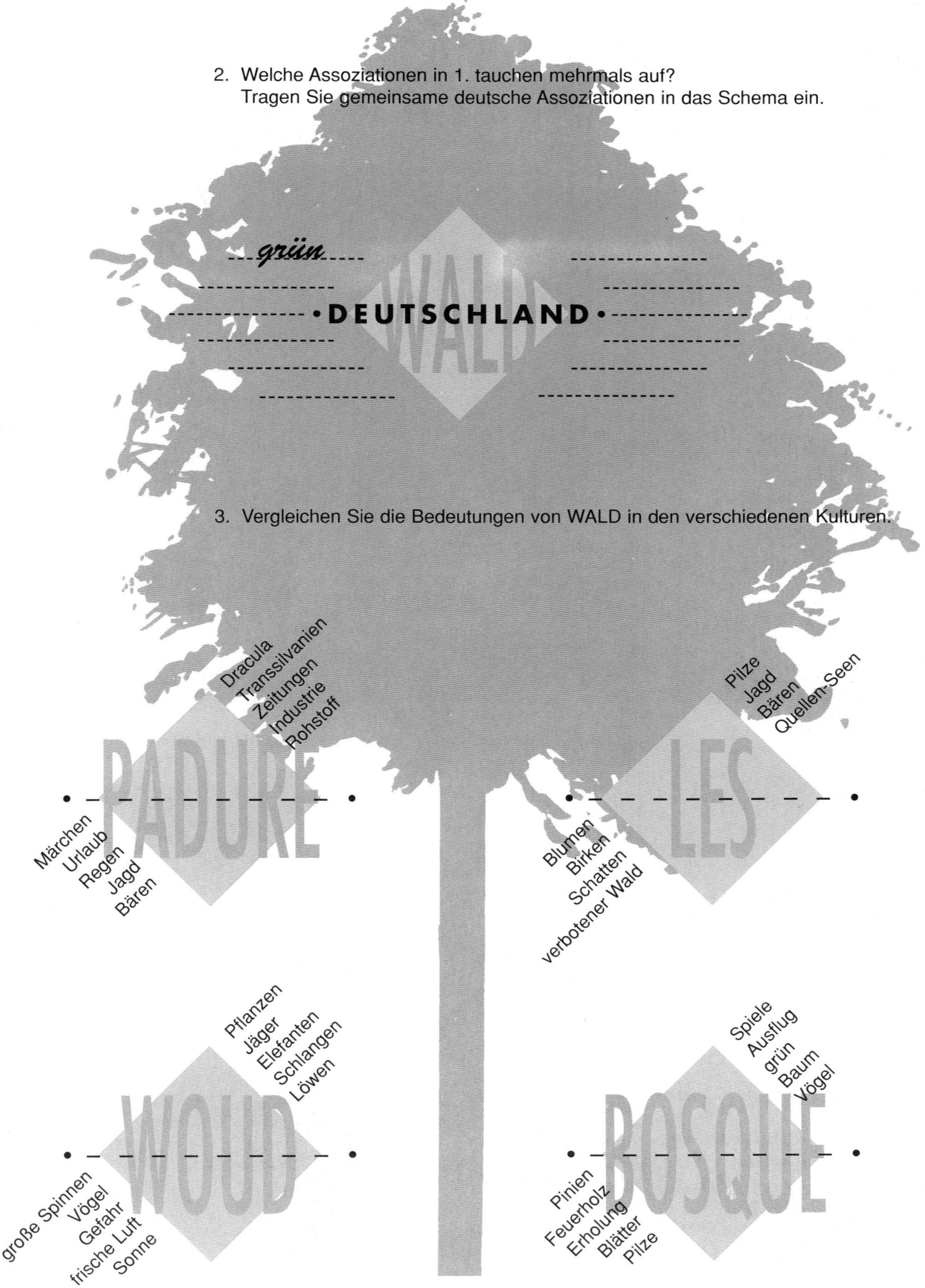

WALD

grün

• DEUTSCHLAND •

3. Vergleichen Sie die Bedeutungen von WALD in den verschiedenen Kulturen.

PADURE

Dracula
Transsilvanien
Zeitungen
Industrie
Rohstoff

Märchen
Urlaub
Regen
Jagd
Bären

LES

Pilze
Jagd
Bären
Quellen-Seen

Blumen
Birken
Schatten
verbotener Wald

WOUD

Pflanzen
Jäger
Elefanten
Schlangen
Löwen

große Spinnen
Vögel
Gefahr
frische Luft
Sonne

BOSQUE

Spiele
Ausflug
grün
Baum
Vögel

Pinien
Feuerholz
Erholung
Blätter
Pilze

Quelle: Internationales Fortbildungsseminar 1993, geleitet von Monika Bischof.

11.5 Was sind Haflinger?

TRITTSICHER *und gemächlich gehen die Haflinger durch den verschneiten Winterwald.*

11.6 Bäume mit rotem Punkt

1. Was könnte ein roter Punkt auf einem Baum bedeuten?
2. Hören Sie den Text. Überprüfen Sie Ihre Hypothesen.
3. Hören Sie den Text noch einmal.
   Arbeiten Sie dann in Kleingruppen: Überlegen Sie sich fünf Fragen zu dem Text, die die anderen Gruppen beantworten sollen.
4. Hören Sie den Text ein drittes Mal, und stellen Sie fest, welche Gruppe die meisten richtigen Antworten gegeben hat.

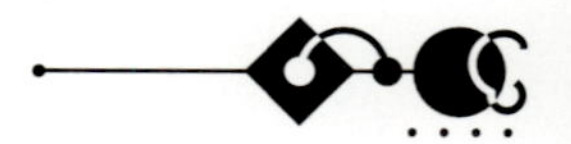

11.7 Lied: Herr von Ribbeck auf Ribbeck im Havelland

Herr von Ribbeck auf Ribbeck im Havelland,
Ein Birnbaum in seinem Garten stand,
Und kam die goldene Herbsteszeit
4 Und die Birnen leuchteten weit und breit,
Da stopfte, wenn's Mittag vom Turme scholl,
Der von Ribbeck sich beide Taschen voll,
Und kam in Pantinen ein Junge daher,
8 So rief er: „Junge, wiste 'ne Beer?"
Und kam ein Mädel, so rief er: „Lütt Dirn,
Kumm man röwer, ick hebb 'ne Birn."

So ging es viel Jahre, bis lobesam
12 Der von Ribbeck auf Ribbeck zu sterben kam.
Er fühlte sein Ende, 's war Herbsteszeit,
Wieder lachten die Birnen weit und breit;
Da sagte von Ribbeck: „Ich scheide nun ab.
16 Legt mir eine Birne mit ins Grab."
Und drei Tage drauf, aus dem Doppeldachhaus,
Trugen von Ribbeck sie hinaus.
Alle Bauern und Büdner mit Feiergesicht
20 Sangen „Jesus meine Zuversicht",
Und die Kinder klagten, das Herze schwer:
„He es dod nu. Wer giwt uns 'ne Beer?"

So klagten die Kinder. Das war nicht recht –
24 Ach, sie kannten den alten Ribbeck schlecht;
Der Neue freilich, der knausert und spart,
Hält Park und Birnbaum strenge verwahrt.
Aber der Alte, vorahnend schon
28 Und voll Misstrauen gegen den eigenen Sohn,
Der wusste genau, was damals er tat,
Als um eine Birn' ins Grab er bat,
Und im dritten Jahr aus dem stillen Haus
32 Ein Birnbaumsprössling sprosst heraus.

Und die Jahre gehen wohl auf und ab,
Längst wölbt sich ein Birnbaum über das Grab,
Und in der goldenen Herbsteszeit
36 Leuchtet's wieder weit und breit.
Und kommt ein Jung' übern Kirchhof her,
So flüstert's im Baume: „Wiste 'ne Beer?"
Und kommt ein Mädel, so flüstert's: „Lütt Dirn,
40 Kumm man röwer, ick gew di 'ne Birn."

So spendet Segen noch immer die Hand
Des von Ribbeck auf Ribbeck im Havelland.

Text: Theodor Fontane
Gesungen von Achim Reichel

1. Ergänzen Sie:

Immer, wenn der Herbst kam und die Birnen reif waren, schenkte Herr von Ribbeck ...

Dann aber ...

Sein Sohn war geizig und ...

Aber nach einigen Jahren ...

2. Hören Sie das Lied, und singen Sie mit.

12.1 Wer geht wann, wie oft, wie lange, wozu, mit wem dahin?

1 2

3 4

5

Was haben CAFÉ, BAR und KNEIPE gemeinsam?
Worin unterscheiden sie sich?

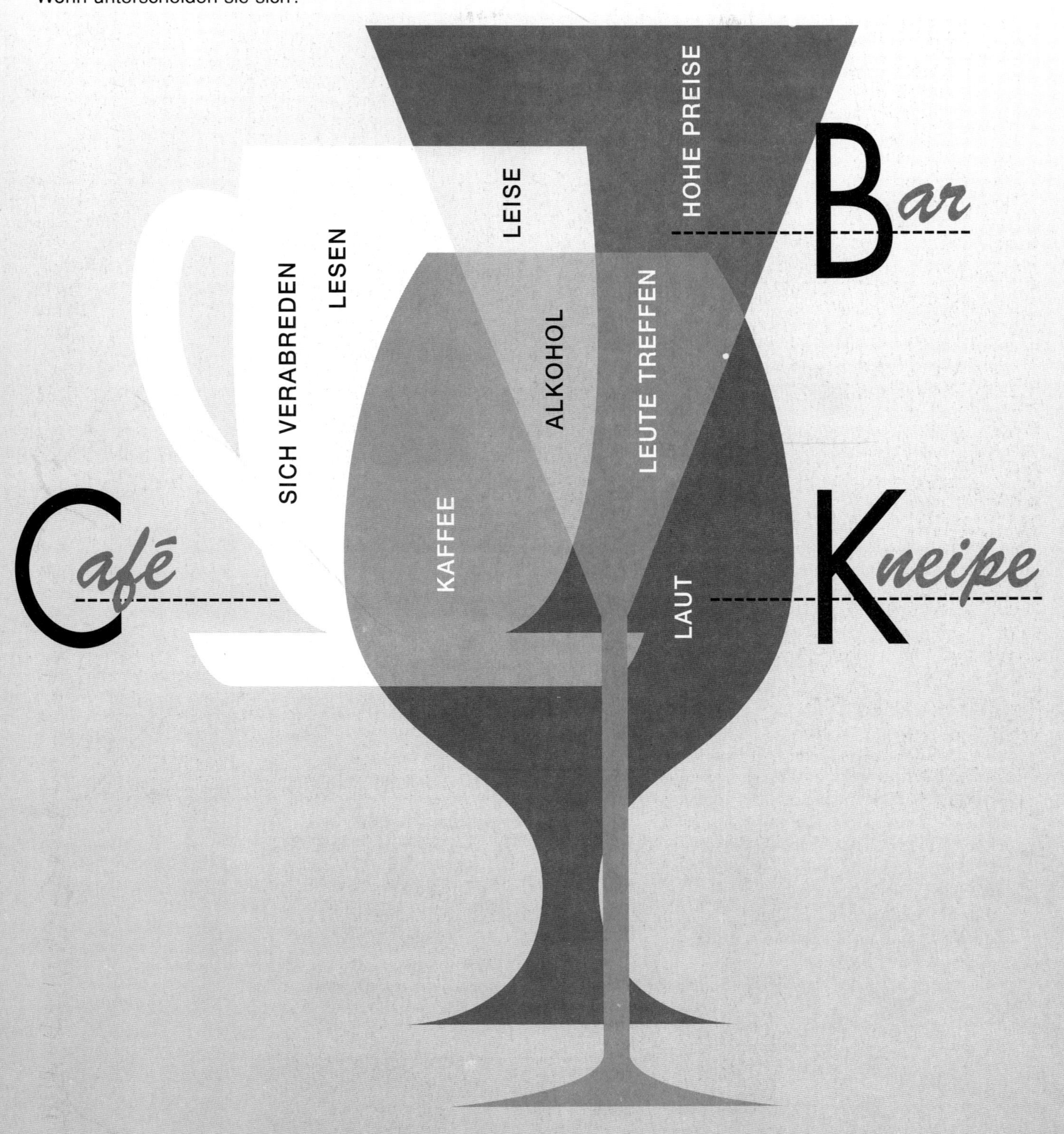

12.2 Lady Punk im Café

Als Terry wieder im Stadtzentrum war, fühlte sich die Luft merklich kühler an. Ein Wind war aufgekommen, und am Himmel zog sich was zusammen. Im Moment sah es noch wie Dunst aus, aber es würde wohl ein Sommergewitter werden.

Terry schlenderte den Kudamm entlang. Die Leute sahen sie an, und sie sah die Leute an. Sie überlegte, was sie noch machen konnte, aber sie hatte kaum Auswahl, weil fast das ganze Geld, das sie eingesteckt hatte, ausgegeben war. So betrachtete sie die Auslagen und die Menschen in den Restaurants. Irgendwo in der Stadt musste ihre Mutter sein und irgendwo auch Lieschen.

Terry war am Café Kranzler angelangt. Sie ging ganz langsam an den Fenstern vorbei und betrachtete alles, die Leute, die gedeckten Tische, die altmodischen Tischlampen mit Stoffschirmen, die gemütlich aussehen sollten.

Terry sah Lieschen schon von weitem. Sie erkannte sie von hinten. Terry wusste, dass nur Lieschen dieses gepflegte, immer leicht gewellte Silberhaar, das artig wie eine Kappe ihren Kopf schmückte, tragen konnte.

Terry beobachtete Lieschen, obwohl die so gut wie nichts tat. Lieschen hatte sich einige Illustrierte zurechtgelegt. Sie blätterte darin herum, und es sah aus, als ob sie sich nicht sonderlich dafür interessierte.

Die Kellnerin kam vorbei und wechselte ohne Lieschens Auftrag die Kaffeekanne. Lieschen sah kurz hoch und dankte ihr mit diesem verbindlichen Lächeln, das sie als äußerst nette Frau auszeichnete, zu der man aber eine gewisse Distanz halten musste. Lieschen war eine Dame.

Lieschen schüttete sich Kaffee nach mit unendlich langsamen Bewegungen. Sie ließ einen Löffel Zucker in die Tasse rieseln und tröpfelte Milch nach. Dann rührte sie vorsichtig um. Terry war sich sicher, dass niemand dabei ein Geräusch hören würde.

Lieschen trank einen winzigen Schluck, sah dabei kurz die Leute an, die vor ihr saßen, und schaute dann wieder in ihre Zeitung. Als sie die durchgeblättert hatte, sah sie auf ihre Uhr. Es schien noch Zeit zu sein, denn sie griff nach einer neuen Illustrierten.

Es war merkwürdig, Lieschen hier sitzen zu sehen, als ob sie alle Zeit auf der Welt hätte. Jeden Mittag sagte Lieschen: „Ich muß jetzt aber los“, als ob sie einen Termin hätte, und verbrachte die Nachmittage außer Haus. Und jetzt saß sie hier, und es sah so unwichtig aus, das Kaffeetrinken, das Zeitunglesen, das Warten auf irgendwas.

LADY PUNK

1. Bilden Sie mehrere Gruppen und stellen Sie sich gegenseitig jeweils zehn Fragen zu dem Text. Es gewinnt die Gruppe, die die meisten Fragen aus dem Text heraus beantworten kann.

2. Was erfährt man in diesem Text über ein typisch deutsches CAFÉ? Inwiefern werden durch diesen Text Ihre anfänglichen Hypothesen über CAFÉ bestätigt, ergänzt oder widerlegt?

IM CAFÉ

Terry beschloss, hineinzugehen. So, wie das Café Kranzler aussah, würde es einen Aufstand geben, wenn Terry es betreten würde, aber solche Auftritte liebte Terry. Sie ging durch die Glastür, und sie spürte gleich eine gewisse Ähnlichkeit zwischen Maklerbüros und Berliner Cafés. Der Teppichboden war gleichermaßen weich und wohltuend für die Füße.

Terry hatte ihren Auftritt. Sie merkte von Anfang an, dass man sie sah. Das Stimmengemurmel wurde schwächer und hob erst hinter ihr wieder an. Sie war sicher, dass man dann über sie sprach.

In solchen Momenten war Terry froh über ihre Größe und Statur. Es war, als ob die Leute tief unter ihr saßen. Terry sah einfach über sie hinweg. Ein bisschen fühlte sie sich wieder wie *Queen of American Heaven*. Zu ihren Füßen ein ausgerollter Teppich.

Einen Moment lang dachte Terry, dass sich möglicherweise auch ihre Mutter hier aufhalten könnte. Die würde dann gleich einen Schreikrampf bekommen. Der Gedanke amüsierte Terry so sehr, dass sie fast losprustete.

Terry steuerte auf ihre Großmutter zu. Sie wollte Lieschen nicht erschrecken und hoffte, dass sie sich genug in der Gewalt hatte, um keinen Skandal zu machen.

Von der Kuchentheke aus kam die Kellnerin, die Lieschen den Kaffee gebracht hatte, auf Terry zu. Der Gesichtsausdruck der Kellnerin war nicht mehr so demütig wie vorhin, als sie das Getränk servierte. Sie sah sehr entschieden aus.

Sie erreichten beide gleichzeitig ihr Ziel. Terry die Großmutter und die Kellnerin Terry. Lieschen blickte auf. Terry erkannte an Lieschens Augen, dass sie sich freute, Terry zu sehen. Sie war überrascht, aber es gab diesen Funken Wärme in Lieschens Augen, auf den Terry immer wartete, den sie auch brauchte und ohne den sie das Leben total beschissen finden würde.

Lieschen hatte sich in der Gewalt. Sie machte eine Handbewegung auf einen leeren Stuhl an ihrem Tisch. Terry setzte sich, und noch bevor die Kellnerin etwas sagen konnte, stellte Lieschen Terry vor. „Meine Enkelin", sagte sie, und es hörte sich an, als ob sie stolz darauf wäre.

Die Kellnerin bekam diesen demütigen Ausdruck im Gesicht. „Wie nett", sagte sie. „Ganz reizend, gnädige Frau."

„Bitte, Fräulein Irma, bringen Sie meiner Enkeltochter ein Stück Obsttorte mit viel Sahne", sagte Lieschen.

„Aber gern", sagte die Kellnerin.

Das Stimmengemurmel im Café hatte seine ursprüngliche Lautstärke wieder erreicht.

Terry begriff, dass Lieschen hier gut bekannt war, dass sie wahrscheinlich hier ihre Tage verbrachte, dass das Café so etwas wie ein zweites Zuhause war, oder sound-sovieltes, denn sie waren ja irgendwie überall auf der Welt ein bisschen zu Hause. Überall und nirgends.

Aus: Dagmar Chidolue,
Lady Punk

3. Welcher Ort entspricht in Ihrem Land ganz oder teilweise einem deutschen CAFÉ?

4. Schreiben Sie einen vergleichenden Text.
   Benutzen Sie die Redemittel aus 12.1 im Arbeitsbuch.

12.3 Oppositionen

1. Begriffe stehen immer in mehreren Zusammenhängen.
   Man kann z. B. gesund leben und dabei viel oder wenig Geld ausgeben.
   Gesund, teuer oder billig sind natürlich relative Begriffe, sowohl individuell als auch kulturell unterschiedlich.

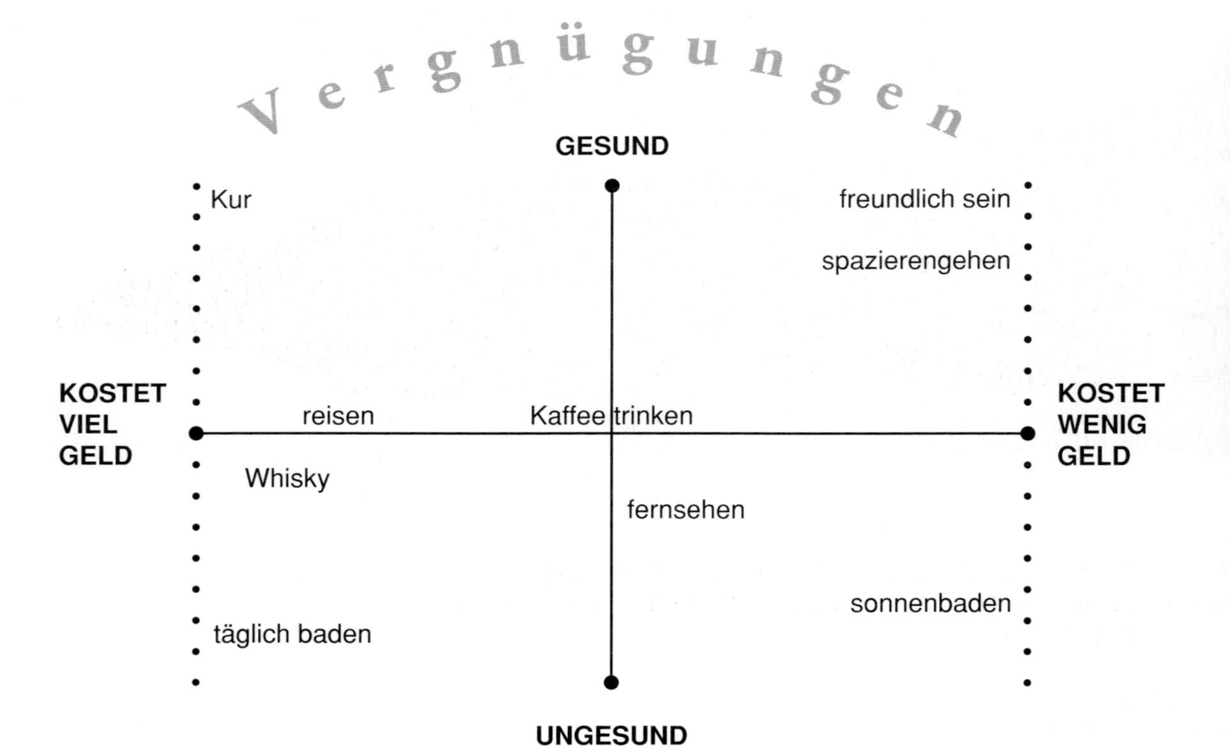

Sind Sie mit der Anordnung im Koordinatensystem einverstanden?
Diskutieren Sie.

Benutzen Sie die Redemittel aus 6.2.5 und 6.2.6 im Arbeitsbuch von SICHTWECHSEL 1.

O.P.P.O.S.I

2. **Oppositionenstrauß**

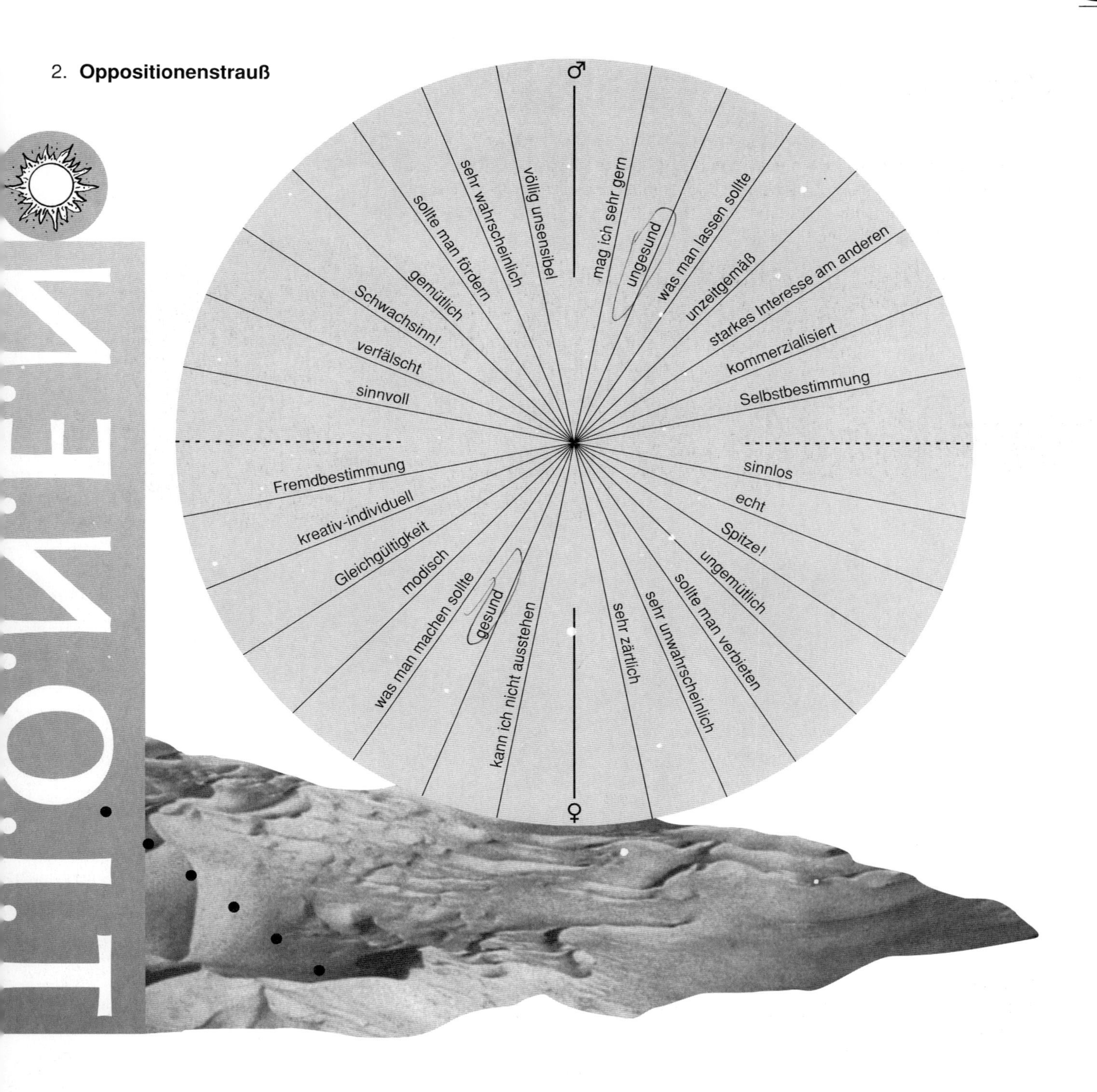

Wählen Sie aus dem Oppositionenstrauß einige Gegensätze aus, und versuchen Sie dann, ähnliche Bilder wie 12.3.1 zu entwerfen, z. B. zu den Themen:

- Transport
- Beziehungen
- Pflichten
- Feste
- Sport

Erklären Sie den anderen Ihr Schema.

12.4 Klassen, Mengen, Begriffe

1. Suchen Sie zu den folgenden Mengen Oberbegriffe.
   Streichen Sie weg, was Ihrer Meinung nach nicht passt (oder „typisch deutsch" ist), und fügen Sie hinzu, was in Ihrer Kultur dazugehören würde.

....

Kollegen
Nachbarn
Schüler der Sekundarstufe II
Freund der Tochter
Kellner/in

____
____

....

Meerschweinchen
Hamster
Kaninchen
Katze
Hund
Ratte

____
____

....

singen
Bier und Korn
schunkeln
sich prügeln

____
____

....

arbeiten
50 Sätze abschreiben
eine rote oder gelbe Karte
gebührenpflichtige Verwarnung
Haft
Stubenarrest
Ohrfeige
kein Essen
Strafporto
5 oder 6
schweigen
brüllen
fristlose Entlassung

____
____

....

Kuh
Aal
Schwein
Schaf
Huhn
Truthahn
Reh

____
____

2. Bilden Sie selber Mengen, und lassen Sie die anderen raten.

O B E R

12.5 Scharfenberg

1. Suchen Sie Oberbegriffe zu den beiden Mengen.

Insel	Schulsprecher
Wald	Schulleiter
See	Sozialarbeiter
Motorboot	Schüler
Steg	Nachwuchs
Bienenhaus	Öffentliches Gymnasium
Wiese	Schulgeld
Kräutergarten	Reformpädagoge
Stall	Internat

2. Hören Sie den Text. Was haben die beiden Mengen miteinander zu tun?
3. Was möchten Sie über diese Schule noch wissen?
   Sammeln Sie Fragen (z. B.: Seit wann existiert diese Schule?).
4. Hören Sie den Text noch einmal, und machen Sie Notizen.
5. Arbeit in Kleingruppen:
   Hören Sie den Text ein drittes Mal. Bilden Sie aus den folgenden Begriffen zwei Mengen. Tauschen Sie Ihre Mengen mit denen der anderen Gruppe aus, und suchen Sie Oberbegriffe zu den Mengen der anderen Gruppe.

Ausgeh-Outfit
Bienen-AG
Bock auf Schule
Café
Discobesuch
Gemeinschaftsgefühl
Glotze
im Stall helfen
Joint rauchen
Kids
kindisch sein
klauen
Konflikte
Kontakte
nachts abhauen
nachts Besuch empfangen
nichts mit der Zeit anzufangen wissen
Ruderboot
Schularbeiten
surfen
trinken

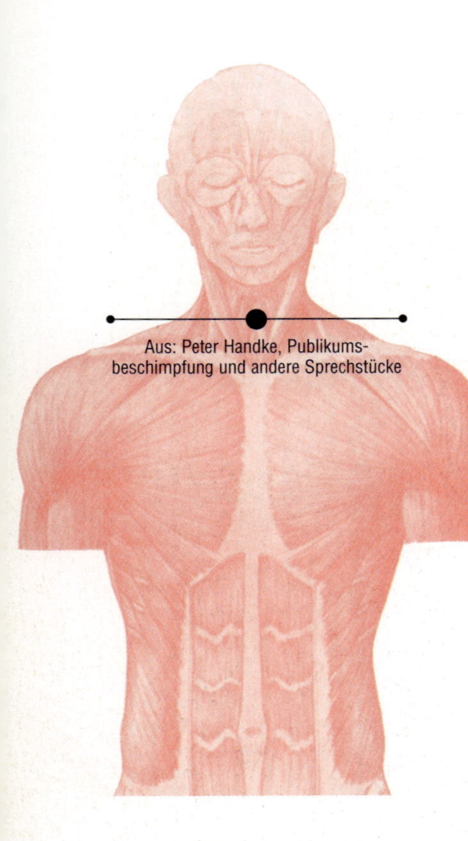
Aus: Peter Handke, Publikumsbeschimpfung und andere Sprechstücke

13.1 Ich bin geworden

Ich bin geworden. Ich bin gezeugt worden. Ich bin entstanden. Ich bin gewachsen. Ich bin geboren worden. Ich bin in das Geburtenregister eingetragen worden. Ich bin älter geworden.

Ich habe mich bewegt. Ich habe Teile meines Körpers bewegt. Ich habe meinen Körper bewegt. Ich habe mich auf der Stelle bewegt. Ich habe mich von der Stelle bewegt. Ich habe mich von einem Ort zum andern bewegt. Ich habe mich bewegen müssen. Ich habe mich bewegen können. […]

Ich habe gelernt. Ich habe die Wörter gelernt. Ich habe die Zeitwörter gelernt. Ich habe den Unterschied zwischen sein und gewesen gelernt. Ich habe die Hauptwörter gelernt. Ich habe den Unterschied zwischen der Einzahl und der Mehrzahl gelernt. Ich habe die Umstandswörter gelernt. Ich habe den Unterschied zwischen hier und dort gelernt. Ich habe die hinweisenden Wörter gelernt. Ich habe den Unterschied zwischen diesem und jenem gelernt. Ich habe die Eigenschaftswörter gelernt. Ich habe den Unterschied zwischen gut und böse gelernt. Ich habe die besitzanzeigenden Wörter gelernt. Ich habe den Unterschied zwischen mein und dein gelernt. Ich habe Wortschatz erworben. […]

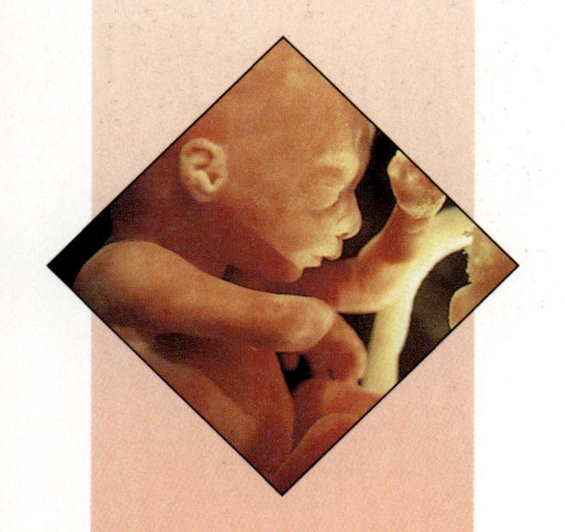

1. Was für eine Entwicklung beschreibt Peter Handke
   – im ersten Abschnitt?
   – im zweiten Abschnitt?
   – im dritten Abschnitt?

2. – Welche Funktion hat der erste Satz jedes Abschnitts?
   – Wie konstruiert Handke die jeweils folgenden Sätze?
   – Welche Beziehung sehen Sie zwischen Textaufbau und Inhalt?
   – Warum benutzt Handke die deutsche grammatische Terminologie statt der lateinischen, die normalerweise gebraucht wird?

3. Interpretieren Sie den Text, indem Sie ihn auf sich selbst beziehen. Schreiben Sie Ihre Geschichte.

Der Übersetzer

4. Versuchen Sie, den dritten Abschnitt des Textes von Peter Handke in Ihre Sprache zu übertragen.

Der Eichbaum

Er ist geworden.
Er ist durch eine Biene oder vielleicht den Wind gezeugt worden.
Er ist das Korn, das in der Erde liegt.
Jetzt bekommt er einen Stamm, von dem ein paar grüne Blättchen sprießen.
Er lernt seine Stelle kennen und gegen alle Schwierigkeiten des Lebens zu kämpfen.
Nach zweihundert Jahren ist er der größte, schönste und kräftigste.
Wie die anderen wird er von Menschen gefällt, damit sie Möbel bauen können.
Aber mit Hilfe der Natur wird sein Nachwuchs den Kampf weiterführen.

5. Beschreiben Sie, wie etwas entsteht und zerfällt: ein Auto, eine Blume, eine Idee, eine Liebe …

13.2 VERGNÜGUNGEN

Der erste Blick aus dem Fenster am Morgen
Das wiedergefundene alte Buch
Begeisterte Gesichter
Schnee, der Wechsel der Jahreszeiten
Die Zeitung
Der Hund
Die Dialektik
Duschen, Schwimmen
Alte Musik
Bequeme Schuhe
Begreifen
Neue Musik
Schreiben, Pflanzen
Reisen
Singen
Freundlich sein.

Bertolt Brecht

AB

Welche Bedeutung hat der Begriff VERGNÜGUNGEN für Sie persönlich?

Schreiben Sie Ihr eigenes Gedicht.

13.3 Mein Tag

Suchen Sie aus dem Text Biografisches aus dem Leben von Edith Kannengießer.

Und/Oder:
Edith Kannengießers VERGNÜGUNGEN

Und/Oder:
Edith Kannengießers TAGESABLAUF

Mein

Edith, geht's dir gut? krächzt mein Papagei halb sechs früh, wenn ich die Augen aufschlag'. Der spricht so gut wie ein zehnjähriger Mensch. Klar, sag' ich, klar geht's mir gut, was sonst? Ich setz' im Nachthemd Kaffeewasser auf, reiß' die Fenster auf, Sonne scheint rein. Ich erfreu' mich. Dass ich leben darf, Mensch, dass ich weiterleben darf. Wir frühstücken schön, ich mit dem Papagei. Wir haben ja Zeit, halb drei fängt erst der Toilettendienst an. Ich mach' die Bude fertig, der Papagei fliegt raus in den Park. Im Altenheim logieren wir zwei, Washingtoner Allee. Einkaufszeit! Ich zwitscher' los, hol' Obst, Milch und die *Morgenpost*, eine für's ganze Heim. Die wird rumgereicht, wir halten zusammen. Wenn ich zurück bin, ist es elf. Setz' mein Mittag auf, studier' meine Zeitung, lass' mich mal 'n bisschen im Garten bei den andern sehn. Nach dem Essen leg' ich mich 'ne halbe Stunde aufs Ohr, mein Herz braucht Schonung.

Am 17. Mai 1990 haben sie mir ein neues Herz verpasst, stellt euch das mal vor. Ich fühle mich wie eine Königin. Mein altes Herz war hin, Krieg, Phosphorangriffe, bin verschütt-gegangen als Kind.

Mein neues Herz gehörte einem Engländer, der ist mit dem Motorrad verunglückt. Seine Eltern sind meine Freunde geworden. Ich hab' drauf bestanden, dass ich sie kennen lern'. Der Junge war ihr einziges Kind. Ganz

Toilettenfrau bei Mövenpick in Hamburg, 68 Jahre alt

arme Leutchen sind das, dagegen bin ich reich.

Gegen zwei steig' ich in die U-Bahn, zuckel' bis Mönckebergstraße. Guckt euch bloß mal die Leute auf'm Bahnhof an, Gottes willen. Wie grau und verbiestert die rumschleichen, auf'n Zug warten. Der Erste wackelt mit 'm Kopf, der Zweite ist jetzt schon blau, die Nächste zieht an ihrer Zigarette, dass die Backen sich in der Mitte treffen. Der Tag hat doch erst angefangen, Mensch.

Ich statte den Toilettenfrauen vom Hauptbahnhof öfter 'n Besuch ab, geh' auch mal beim Kaufhof vorbei, da haben die ja WC in jedem Stockwerk. Wir klönen über die bösen, wüsten Erfahrungen, die wir Toilettenfrauen ertragen müssen. Mit den Damen, die angeben wie zehn lackierte Affen und alles vollmachen.

Halb drei steh' ich dann bereit, auf die Sekunde. Übergabe! Meine Kollegin erläutert mir, was anliegt, was vormittags Sache war. Gab's Ärger? Sind alle sechs Kabinen intakt? Ich erteile ihr Aufträge, Ware besorgen, hol dies, hol das, Ajax ist fast leer, brauchen dringend neue Seife. Sie drückt mir noch den Lappen in die Hand, weg ist sie. Sie haut ab, ich fang' an mit Brillenputzen. Das geht, ruck, zuck, gleich in einem Zug weiter.

Man muss putzen, nie aufhören, immer die Brillen putzen. Wichtig: auch von unten putzen. Sonst zerfressen sie. Denn alle pinkeln nebenbei, alle, ohne Ausnahme. Weiterhin poliere ich die Spiegel, schrubbe die Kacheln. Die sind nun schon elf Jahre alt und sehen aus wie neu. Warum? Weil ich sie sauber halte. Weil mir das Spaß macht, wenn die Damen reinkommen, und es riecht frisch. Es gibt nichts Schöneres, als wenn eine Frau auf die Toilette geht und fühlt sich heimisch.

Tausendfünfhundert Leute strömen pro Schicht auf meine Toilette. Wenn's hochkommt, liegen nachher fünfzig Mark auf dem Teller, davon gehen zehn Mark Pacht ab und Fahrgeld. Gehalt krieg' ich nicht. Geizig sind die, die ollen Tussis, die aufgetakelten Fregatten. Knallen mir vier Pfennige hin. Es ist schon passiert, dass eine mit den Groschen auf 'm Teller klappert, ich bedanke mich schön, aber die legt das Geld gar nicht hin, nimmt es heimlich wieder mit. Für so gravierend blöd halten die mich. Piesacken einen. Tun einem weh. Ahnen nicht, dass unsereins sein Abitur hat, seinen Meisterbrief. Elektrikerin war ich, bin 25 Jahre bei der deutschen Afrika-Linie gefahren. Handelsmarine, Stückgut. Auf riesigen Schiffen bin ich über die Ozeane gesegelt. Ich habe Amerika gesehen. Ich habe Afrika kreuz und quer gesehen. Ich kenne Asien aus dem Kopf.

Am Wochenende verdien' ich nur um acht Mark rum. Es ist leer, ich sitz' an meinem Tischchen und denk' über mein schönes Leben nach. Auf Fahrrädern sind wir zum Tanzen nach Viöl kutschiert, als ich jung war. Meinen weißen Plisseerock hab' ich unterwegs ausgezogen, über'n Arm gelegt, damit die Falten heil bleiben. Zwei gute Männer hab' ich abbekommen, beide Seemänner, Strippenzieher. Die haben mich auf Händen getragen, kein Streit, niemals. Ich starr' die Kacheln an und erinner' mich. Man glaubt gar nicht, wie schön die blitzenden Kacheln sind und die Christrosen, die sie draufgemalt haben. Meine Kinder sind anständige Leutchen geworden, kein Arbeitsloser drunter. Ich bin zweimal Witwe. Na, so was! Witwenrente 1000 Mark. 700 kostet schon der Platz im Altenheim, ohne Strom und Telefon.

Um sieben ist Feierabend. Ich nehm' mein Täschchen, ab zur U-Bahn. Steh' auf dem Bahnsteig, ess' meinen Apfel, den ich mir immer einpacke. Ich lach' mich schief über griesgrämige Menschen, die Unglückswürmer. Ich lache und lache.

Tag

Edith Kannengießer

Aus: DIE ZEIT, 15. 10. 1993
Aufgezeichnet von Maria Voigt

13.4 Roland Schmidt: Diskotürsteher und Buchhalter Sandra Christiansen: Straßenmusikerin

1. Teilen Sie die Klasse in zwei Gruppen. Jede Gruppe bearbeitet nur einen Hörtext.

   Gruppe 1:
   Eine Straßenmusikerin aus Hamburg erzählt von ihrem Tag.
   – Wie könnte ihr Tagesablauf aussehen?
   – Was für Probleme könnte sie bei ihrer Arbeit haben? Und welche Vergnügungen?

   Gruppe 2:
   Ein Diskotürsteher erzählt von seinem Tag.
   – Wie könnte sein Tagesablauf aussehen?
   – Was für Probleme könnte er bei seiner Arbeit haben? Und welche Vergnügungen?

2. Hören Sie den Text zweimal, und machen Sie sich Notizen.

3. Bilden Sie neue Zweiergruppen, und erzählen Sie sich gegenseitig von Sandra Christiansen und Roland Schmidt. (Fotos von den beiden finden Sie im Arbeitsbuch.)

FƎHLƎNTWICKLUNG

14.1 Die Entwicklung der Menschheit

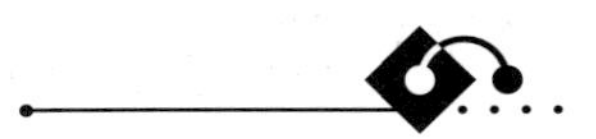

Einst haben die Kerls auf den Bäumen gehockt,
behaart und mit böser Visage.
Dann hat man sie aus dem Urwald gelockt
und die Welt asphaltiert und aufgestockt,
bis zur dreißigsten Etage.

•

Da saßen sie nun, den Flöhen entflohn,
in zentralgeheizten Räumen.
Da sitzen sie nun am Telefon.
Und es herrscht noch genau derselbe Ton
wie seinerzeit auf den Bäumen.

•

Sie hören weit. Sie sehen fern.
Sie sind mit dem Weltall in Fühlung.
Sie putzen die Zähne. Sie atmen modern.
Die Erde ist ein gebildeter Stern
mit sehr viel Wasserspülung.

•

Sie schießen die Briefschaften durch ein Rohr.
Sie jagen und züchten Mikroben.
Sie versehn die Natur mit allem Komfort.
Sie fliegen steil in den Himmel empor
und bleiben zwei Wochen oben.

•

Was ihre Verdauung übrigläßt,
das verarbeiten sie zu Watte.
Sie spalten Atome. Sie heilen Inzest.
Und sie stellen durch Stiluntersuchungen fest,
daß Cäsar Plattfüße hatte.

•

So haben sie mit dem Kopf und dem Mund
den Fortschritt der Menschheit geschaffen.
Doch davon mal abgesehen und
bei Lichte betrachtet sind sie im Grund
noch immer die alten Affen.

Erich Kästner

Treibhauseffekt

Interdisziplinäre Forschung

Nutzung von Kernenergie

Verstädterung

Weltraumnutzung

Recycling

Genmanipulation

Versiegelung der Landschaft

Kommunikationsgesellschaft

Medienverbund

Wasserknappheit

Errungenschaften der Medizin

Hygiene

Energieknappheit

Zerstörung des Regenwaldes

1. Ordnen Sie die Themen den einzelnen Versen zu.
2. Wann könnte das Gedicht geschrieben worden sein?
3. Formulieren Sie die Aussage des Gedichts mit einem Satz, der mit „obwohl" beginnt.
4. Suchen Sie sich aktuelle Zeitungstexte zu den verschiedenen Themen, und schreiben Sie ein kleines Referat.

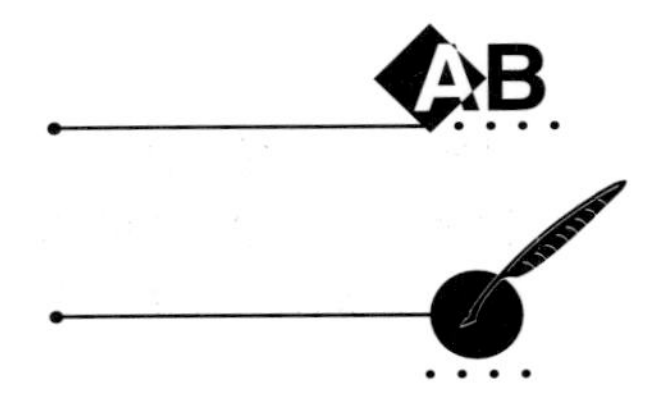

14.2 Bild ohne Titel

Erzählen Sie eine Geschichte zu dem Bild.
Geben Sie Ihrer Geschichte einen Titel, der auch zu dem Bild passt.

14.3 Sophie auf halbem Weg

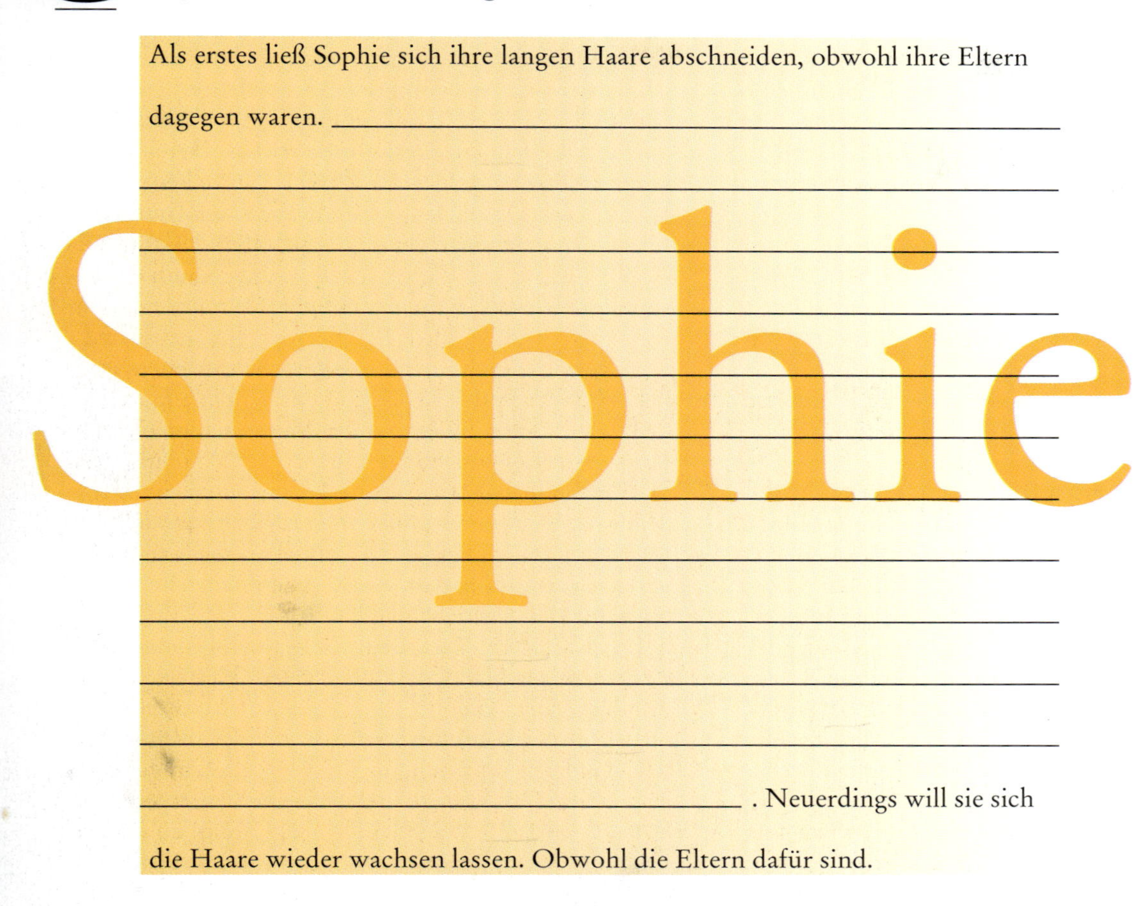
Als erstes ließ Sophie sich ihre langen Haare abschneiden, obwohl ihre Eltern dagegen waren. ____

____ . Neuerdings will sie sich die Haare wieder wachsen lassen. Obwohl die Eltern dafür sind.

1. Schreiben Sie, was zwischen diesen beiden Sätzen passiert ist.
2. Lesen Sie anschließend den Text im Arbeitsbuch.

14.4 Lebensträume

1. Ergänzen Sie für sich die Sätze:

   Lebensträume – das ist ein schweres Wort. Spontan würde mir jetzt einfallen …
   Ich träume davon, …
   Als Kind habe ich mir immer gewünscht, …
   Wenn ich mir überlege, was aus meinen Träumen geworden ist, …
   Wenn ich meine Träume von früher und heute vergleiche, …
   Was ich mir am meisten wünsche, …

2. Hören Sie den Text.
3. Vergleichen Sie Jackys Träume mit dem, was Sie geschrieben haben.

14.5 Erich Kästner: Aus meinem Leben

Also … Ich kam im Jahre 1899 zur Welt. Mein Vater, der als junger Mann Sattlermeister mit einem eigenen Geschäft gewesen war, arbeitete damals schon, nur noch als Facharbeiter, in einer Kofferfabrik. Als ich etwa sieben Jahre alt war, gab es Streiks in der Stadt. Auf unserer Straße flogen abends Steine in die brennenden Gaslaternen. Das Glas splitterte und klirrte. Dann kam berittene Gendarmerie mit gezogenen Säbeln und schlug auf die Menge ein. Ich stand am Fenster, und meine Mutter zerrte mich weinend weg. Das war 1906. Deutschland hatte einen Kaiser, und zu seinem Geburtstag gab es auf dem Alaunplatz prächtige Paraden. Aus diesen Paraden entwickelte sich der Erste Weltkrieg. […]

1917, als schon die ersten Klassenkameraden im Westen und Osten gefallen waren, mußte ich zum Militär. Ich hätte noch zwei Jahre zur Schule gehen sollen. Als der Krieg zu Ende war, kam ich herzkrank nach Hause. Meine Eltern mußten ihren neunzehnjährigen Jungen, weil er vor Atemnot keine Stufe allein steigen konnte, die Treppe hinaufschieben. Nach einem kurzen Kriegsteilnehmerkursus fing ich zu studieren an. 1919 hatte man in unserer Stadt einen sozialistischen Minister über die Brücke in die Elbe geworfen und so lange hinter ihm dreingeschossen, bis er unterging. Auch sonst flogen manchmal Kugeln durch die Gegend. Und an der Universität dauerte es geraume Zeit, bis sich die aus dem Kriege heimgekehrten Studenten politisch so beruhigt hatten, daß sie sich entschlossen, etwas zu lernen. Als sie soweit waren, stellte es sich plötzlich sehr deutlich heraus, daß Deutschland den Krieg verloren hatte: das Geld wurde wertlos. Was die Eltern in vielen Jahren am Munde abgespart hatten, löste sich in nichts auf. Meine Heimatstadt gab mir ein Stipendium. Sehr bald konnte ich mir für das monatliche Stipendium knapp eine Schachtel Zigaretten kaufen. Ich wurde Werkstudent, das heißt, ich arbeitete in einem Büro, bekam als Lohn am Ende der Woche eine ganze Aktenmappe voll Geld und mußte rennen, wenn ich mir dafür zu essen kaufen wollte. An der Straßenecke war mein Geld schon weniger wert als eben noch an der Kasse. Es gab Milliarden – ja sogar Billionenmarkscheine. Zum Schluß reichten sie kaum für eine Straßenbahnfahrt.

Das war 1923. Studiert wurde nachts. Heute gibt es keine Kohlen zum Heizen. Damals gab es kein Geld für Kohlen. Ich saß im Mantel im möblierten Zimmer und schrieb eine Seminararbeit über Schillers „Ästhetische Briefe“. Dann war die Inflation vorbei. Kaum ein anständiger Mensch hatte noch Geld. Da wurde ich, immer noch Student, kurz entschlossen Journalist und Redakteur. Als ich meine Doktorarbeit machen wollte, ließ ich mich in der Redaktion von einem anderen Studenten vertreten. Während der Messe, ich machte mein Examen in Leipzig, hängten wir uns Plakate um und verdienten uns als wandelnde Plakatsäulen ein paar Mark hinzu. Mehrere Male in der Woche konnten mittellose Studenten bei netten Leuten, die sich an die Universität gewandt hatten, essen. Amerikanische Studenten schickten Geld. Schweden half.

Das war 1925. Nach dem Examen ging's in die Redaktion zurück. Das Monatsgehalt kletterte auf vierhundert Mark. […]

1927 flog ich auf die Straße, weil einer rechtsstehenden Konkurrenzzeitung meine Artikel nicht gefielen und mein Herr Verlagsdirektor keine Courage hatte. So fuhr ich 1927 ohne Geld los, um Berlin zu erobern. Ende des Jahres erschien mein erstes Buch. Andere folgten. Sie wurden übersetzt. Der Film kam hinzu. Die Laufbahn schien gesichert. Doch es war wieder nichts. Denn die wirtschaftliche Depression wuchs. Banken krachten. Die Arbeitslosigkeit und die Kämpfe von mehr als zwanzig politischen Parteien bereiteten der Diktatur den Boden. Hitler kam an die Macht, und Goebbels verbrannte meine Bücher. Mit der literarischen Laufbahn war es Essig.

Das war 1933. Zwölf Jahre Berufsverbot folgten. Es gibt sicher schlimmere Dinge, aber angenehmere gibt es wahrscheinlich auch … Nun schreiben wir das Jahr 1946, und ich fange wieder einmal mit gar nichts und von vorne an.

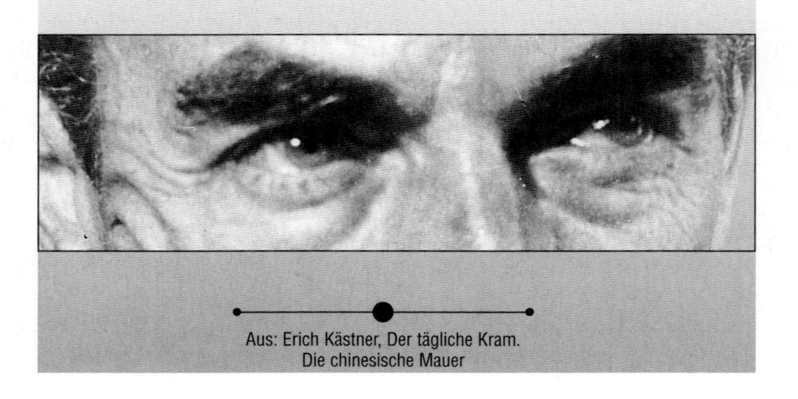

Aus: Erich Kästner, Der tägliche Kram. Die chinesische Mauer

1. Lesen Sie den Text, und legen Sie dabei eine Zeittafel an.

Zeittafel zur deutschen Geschichte	Tabellarischer Lebenslauf Kästners
1906 soziale Unruhen	1899 geboren
:	:
1945	1946

AB

2. **Biografischer Lexikoneintrag:**

Kästner, Erich, Schriftst., * Dresden 23. 2. 1899, † München 29. 7. 1974, studierte Germanistik, ging 1927 als freier Schriftst. nach Berlin. Seine Bücher wurden 1933 verboten und verbrannt. 1945–48 war er Leiter des Feuilletons der „Neuen Zeitung". K. schrieb ironisch-sarkastische Gedichte; er wandte sich darin gegen Spießbürgertum, engherzige Moral, Militarismus. Seine Romane sind kritisch-realistisch und voll Humor. Unter Pseudonym schrieb er das Drehbuch zum Film „Münchhausen" (1943). K. schrieb Kinderbücher realist. und phantastischer Art.

WE. Gedichte: Herz auf Taille (1928); Ein Mann gibt Auskunft (1930); Gesang zw. den Stühlen (1932); Bei Durchsicht meiner Bücher (Auswahl, 1946); Der tägl. Kram (Chanson und Prosa 1945–48, 1948). – Romane: Fabian (1931); Drei Männer im Schnee (1934); Georg und die Zwischenfälle (1938, u. d. T. Der kleine Grenzverkehr, 1949). – Jugendbücher: Emil und die Detektive (1929); Pünktchen und Anton (1931); Das verhexte Telefon (1932); Das fliegende Klassenzimmer (1933); Konferenz der Tiere (1949); Das doppelte Lottchen (1949). – Komödie: Die Schule der Diktatoren (1956).

LIT. Renate Benson: E. K. ([2]1976).

3. Erzählen (Schreiben) Sie:
Aus dem Leben meiner Großmutter/meines Großvaters.

Machen Sie Ihre Erzählungen lebendig, indem Sie Fotos oder anderes „anschauliches" Material mitbringen.

KULTURVERGLEICH

SICHTWECHSEL 2

TEIL 15 VERGLEICH UND WERTUNG

15.1 Der Löwe
15.2 Irgendwo in Deutschland
15.3 Westdeutsche über Ostdeutsche und umgekehrt
15.4 Gespräch mit einem Berliner
15.5 Interview: Die Wende
15.6 Projekt: Recherchieren
15.7 Nord ↔ Süd

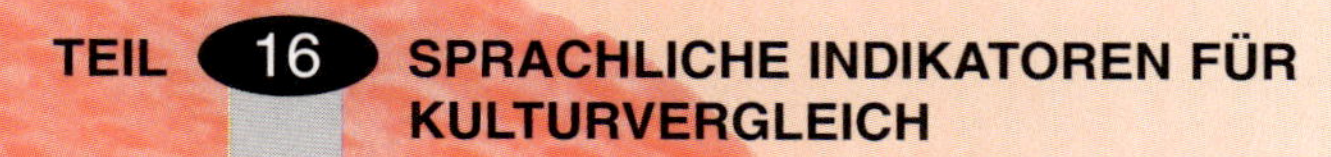

TEIL 16 SPRACHLICHE INDIKATOREN FÜR KULTURVERGLEICH

16.1 Was ist „typisch deutsch"?
16.2 Ist das deutsch?
16.3 „Logische" Verknüpfungen
16.4 Interview: INKUBI – Ratschläge für Reisende

TEIL 17 BEGEGNUNG MIT DEM FREMDEN: URLAUB UND REISEN

17.1 Fotocollage: URLAUB
17.2 Interviews: Urlaub
17.3 Miese Ferien – Tolle Ferien
17.4 In einer Höhle am Waldrand
17.5 Interrail
17.6 Die Suks

TEIL 18 ZEIT

18.1 Lied: Wochenend' und Sonnenschein
18.2 Textcollage: ZEIT
18.3 Eins nach dem anderen oder alles gleichzeitig
18.4 Die Zeit in der Natur, die Zeit in uns

TEIL 19 ICH – WIR – SIE

19.1 Von glücklichen Hühnern
19.2 Der Lesende
19.3 Lied: Sage Nein!

15.1 Der Löwe

Als die Mücke zum erstenmal den Löwen brüllen hörte,
da sprach sie zur Henne: „Der summt aber komisch."
„Summen ist gut", fand die Henne.
„Sondern?" fragte die Mücke.
„Er gackert", antwortete die Henne.
„Aber das tut er allerdings komisch."

Aus: Günter Anders, Blick vom Turm

Normalerweise endet eine Fabel mit einer Moral.
- Schreiben Sie die Moral dazu.
- Übertragen Sie die Fabel auf eine konkrete Situation unter Menschen.

15.2 Irgendwo in Deutschland

1. Beschreiben Sie das Bild möglichst detailgenau, ohne viel zu interpretieren und ohne zu werten.

2. Interpretieren und werten:

   – Wie wirkt das Bild auf Sie?
   – Wie alt ist die Kneipe wohl?
   – Wie alt könnte der Name sein?
   – Was heißt eigentlich Einigkeit?
     Schauen Sie im Wörterbuch nach.
   – Was könnte es bedeuten, dass der Wirt
     seine Kneipe so genannt hat?
   – Wo könnte die Kneipe sein?
     Im Osten oder im Westen Deutschlands?
     Im Norden oder im Süden?

15.3 Westdeutsche über Ostdeutsche und umgekehrt

Antworten von Westdeutschen auf die Frage des Emnid-Instituts nach ihrem „negativsten Eindruck" von Ostdeutschen:

Westdeutsche über Ostdeutsche

„GUT LEBEN, OHNE VIEL ZU TUN"

Sie verlangen einfach zuviel – [...] Sie sind ängstlich – Obrigkeitshörigkeit.

Die versuchen, alles zu reparieren, auch dann, wenn das neue Teil billiger wäre.

Haben zu sehr umgeschwenkt, vom phlegmatischen Verhalten zu überkritischen und ungeduldigen Erwartungen.

Etwas ratlos, lassen sich manchmal übers Ohr hauen, könnten etwas sauberer sein.

Sie meinen, ein Recht darauf zu haben, so gut leben zu können wie wir, ohne viel dafür zu tun. Denn sie meinen, wir müssten eine Schuld abtragen, sie machen uns dafür verantwortlich, dass sie 40 Jahre schlimme Verhältnisse ertragen mussten.

Viele glauben, daß im Westen alles Gold ist, was glänzt – Die hässliche Sprache (Dialekt der Sachsen) – Viele sind so passiv.

Die Menschen sind in jeder Beziehung unberechenbar, wissen nicht mehr, wo es langgeht, und versuchen, uns das Geld aus der Tasche zu ziehen. Deshalb: Die Mauer sollte wieder gebaut werden!

Maßlose Forderungen im Sozialbereich – Sie werden mit ihrer neuen Situation nicht fertig – Sozialistisch arbeiten, kapitalistisch leben – Unsicher und dadurch ungeduldig – Die materiellen Forderungen werden immer größer.

Altmodisch – [...]

Schlechte Kleidung – Schlechte Autofahrer (rücksichtslos, rasant) – Ostbürger sind oft zu gutgläubig.

Viele meinen, was bei uns in 40 Jahren geschafft wurde, müsste bei ihnen in einem Jahr geschehen – Nur Ansprüche – Die Menschen sollten mehr Eigeninitiative entwickeln, zum Beispiel bei der Instandhaltung von Häusern und Gärten.

Zwar sind sie ungeduldig, doch das ist menschlich verständlich – Die verdrückte Art finde ich nicht gut, die meinen nicht, was sie sagen – Es herrscht fürchterliche Unselbstständigkeit.

[...]

Es sind arme Teufel – Die Menschen sind verschüchtert, man bringt ihnen zu wenig Verständnis entgegen – Nur noch die D-Mark ist wichtig, von der wiedererreichten Freiheit redet fast keiner mehr – Die wollen alles sofort von uns, als wären wir dazu verpflichtet – Entwickeln keinen Ehrgeiz.

Das sind scheiß Leute – Sehr zurückhaltend bei eigenen Entscheidungen – Sie wollen bedauert werden – Das Negative an ihnen ist, dass das Wort „Danke" nicht über ihre Lippen kommt – Kaum imstande, etwas allein zu unternehmen.

Wohlstand soll über Nacht kommen, keine eigene Initiative, Staat soll es machen.

Viele sind resigniert und ratlos – Viele nörgeln zu Unrecht – Könnten etwas bescheidener sein – Noch ausländerfeindlicher als die Westdeutschen.

Klappt etwas nicht, dann schreien sie: „Ihr habt das so gewollt, jetzt helft uns auch." Nur nicht aus eigener Kraft. Wenn die sich früher aufgelehnt hätten, wäre die Misere früher vorbei gewesen. Opfer müssen auch die „drüben" bringen, nicht nur wir!

Der Spiegel 31/1991

WEST

1. Lesen Sie in Kleingruppen nur einen der beiden Texte. Formulieren Sie mit eigenen Worten, was die Westdeutschen über die Ostdeutschen bzw. die Ostdeutschen über die Westdeutschen zu den folgenden Themen sagten:
   - Umgang mit Geld
   - Verhalten bei der Arbeit
   - Verhalten im Verkehr
   - Persönliches Auftreten
   - Verhalten gegenüber Staat und Behörden
   - Das Verständnis für die andere Seite

Ostdeutsche über Westdeutsche

„SIE WOLLEN UNS NICHT MEHR“

Antworten von Ostdeutschen auf die Frage des Emnid-Instituts nach ihrem „negativsten Eindruck“ von Westdeutschen:

Jetzt gehen alle auf Distanz – Können uns nicht nachfühlen, wie wir gelebt haben – Bis zur Wende waren wir Schwestern und Brüder, nach der Wende sind das Fremdworte.

Sehen selten, dass sie auch von uns auf einigen Gebieten etwas lernen können – Sie wenden sich wegen ihres Wohlstandes von uns ab – Der Gemeinschaftsgeist ist unterentwickelt – Rücksichtslose Kraftfahrer, parken überall, wo man es nicht soll.

Ihre Kenntnisse über die ehemalige DDR sind sehr gering und zum Teil verzerrt, dadurch entsteht viel Überheblichkeit.

Sie denken, ihnen gehört die Welt, die ehemaligen DDR-Bürger werden fast wie Ausländer behandelt. Aber ich kann doch nichts dafür, dass ich in der DDR geboren wurde.

Sie können nicht verstehen, dass wir einfachen Arbeiter auch unter primitivsten Bedingungen fleißig gearbeitet haben und dass bei uns trotzdem alles liederlich ist.

[…]

Die Bürokratie ist noch schlimmer als bei uns – Schwatzen einem alles auf – Pauschale Urteile – Viele kennen keine Verwandtschaft mehr.

Großkotziges Auftreten im Rudel – Reden viel und können nicht zuhören – Leichtlebig – Die Bezeichnung Ossi und Wessi – Die Straßenhändler – Das Geld wird uns ganz schön aus der Tasche gezogen.

Zu raffig – Sie wollen uns nicht mehr – Hohes Selbstbewusstsein täuscht mehr Bildung vor, als bei den meisten vorhanden ist – Ziehen unsere Geschichte total ins Negative, obwohl sie viel zu wenig über unser Alltagsleben wissen.

Der Neid, dass wir mit zur BRD gehören sollen – Versicherungen versuchen, uns über den Tisch zu ziehen – Überheblich, kochen aber auch nur mit Wasser – Arroganz im Arbeitsbereich – Manche geben ganz schön an.

Schnelles Fahren auf den Straßen – Fühlen sich wertvoller – Legen wenig Wert auf schöne menschliche Beziehungen – Hektisch im Beruf, bürokratisch, egoistisch.

[…]

Das Auseinanderklaffen von Sein und Schein, manchmal eklatant – Sie versuchen, aus der Unwissenheit vieler Bürger Kapital für sich herauszuschinden – Dass ein Mann gesagt hat, die Mauer müsste noch viel höher gebaut werden – Pfennigfuchserei – Skrupellos – Ich habe sehr viele Jugendliche auf Bahnhöfen und Straßen rumgammeln gesehen – Händler sind zu aufdringlich und verkaufen zu Überpreisen – Müssten sensibler sein – Zu sehr beschäftigt.

Die ewige Besserwisserei – Vorwiegend Materialisten – Jeder lebt zuerst für sich – Wenn's ums Geld geht, hört die Mitmenschlichkeit auf – Zu sehr mit der Karriere beschäftigt – Ein Teil hat unwahrscheinliche Arroganz – Geldorientierte Denk- und Handlungsweisen – Geschäftemacher sind skrupellos.

Reißen alles an sich, machen alles kaputt – Sehr viele sind ständig bemüht, sich darzustellen – Besonders Jugendliche treten oft anmaßend auf – Haben nichts übrig für uns.

Der Spiegel 31/1991

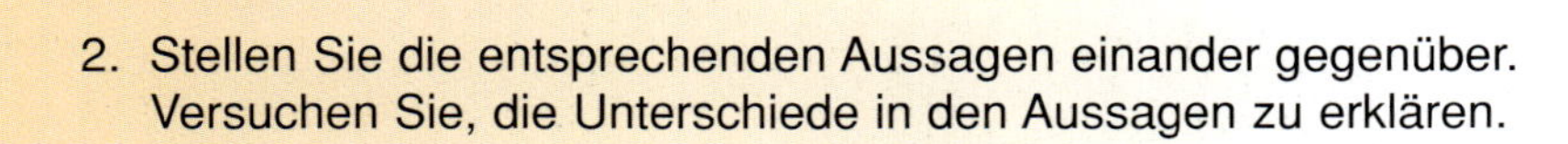

2. Stellen Sie die entsprechenden Aussagen einander gegenüber. Versuchen Sie, die Unterschiede in den Aussagen zu erklären.

3. Versuchen Sie, als Sozialpsychologe Deutschen zu helfen, sich gegenseitig zu verstehen.

15.4 Gespräch mit einem Berliner

Hören Sie das Gespräch mit einem Westberliner (August 1993). Woran liegt es seiner Meinung nach, dass die Leute Schwierigkeiten haben, sich zu verstehen?

Denkmalschutz für vier Mauerstreifen

BERLIN – Der Berliner Senat hat beschlossen, vier Abschnitte der Berliner Mauer zu erhalten und unter Denkmalschutz zu stellen. Ansonsten soll der ehemalige Grenzstreifen wieder bebaut werden, wobei nach Möglichkeit alte Baufluchten und Straßenverläufe wieder hergestellt werden sollen. Der Senat will außerdem ein Konzept zur würdigen Gestaltung der Orte erarbeiten, an denen Flüchtlinge ums Leben kamen. Da es nicht ausreiche, künftigen Generationen die deutsche Teilung nur mit einem Mauersegment zu verdeutlichen, möchte der Senat typische Orte des Gedenkens an den noch vorhandenen Mauerteilen erhalten und den Verlauf der Grenze kenntlich machen, damit die Einschnürung der Stadt und des Landes nachvollziehbar bleiben.

Frankfurter Allgemeine Zeitung, Mai 1993

15.5 Interview: Die Wende

Hören Sie nun ein Interview mit einer Ostberlinerin über „Die Wende".

1. a. Kennen Sie den Begriff „Die Wende"?
   Was wissen Sie schon darüber?
   b. Wonach würden Sie fragen?

2. Hören Sie das Interview einmal ganz.
   Welche Themen kommen zur Sprache?

   Kreuzen Sie an:

   - ☐ Arbeitsbedingungen in der DDR
   - ☐ Die Neugründung einer Sprachenschule
   - ☐ Entwicklung des Kapitalismus
   - ☐ Erste Erfahrung als Unternehmerin
   - ☐ Freiheit als neue Erfahrung
   - ☐ Lebensgefühl nach der Öffnung der Grenze
   - ☐ Negative Erfahrungen nach der Wende
   - ☐ Neue Reisemöglichkeiten
   - ☐ Opposition zu DDR-Zeiten
   - ☐ Soziales Denken auch im Kapitalismus
   - ☐ Versuche, die DDR zu reformieren
   - ☐ Vorzüge der DDR

3. Hören Sie noch einmal.
   Notieren Sie Stichpunkte zu den Themen.

4. Verteilen Sie die Themen auf Gruppen. Jede Gruppe hört ihr Thema so oft, bis sie den Text für die anderen zusammenfassen kann.

AB

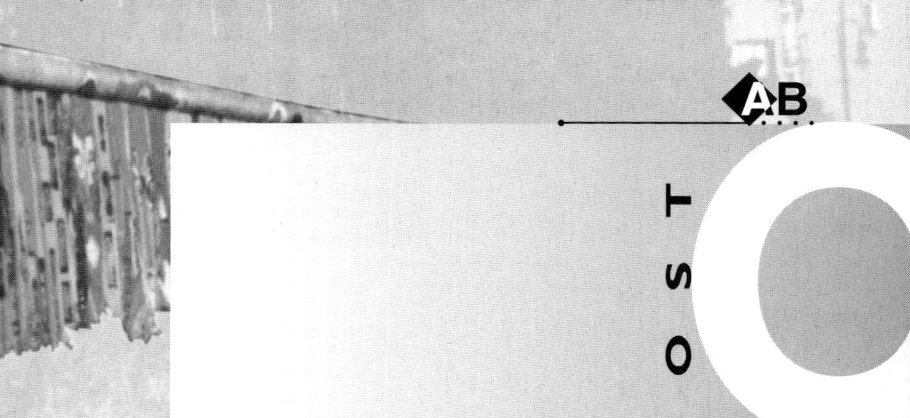

15.6 Projekt: Recherchieren

1. Lesen Sie die Interviewtexte von 15.4 und 15.5 im Arbeitsbuch, und sammeln Sie Fragen, die Sie gern beantwortet hätten.

2. Verteilen Sie die Fragen, und überlegen Sie, wo Sie die Informationen bekommen könnten. Recherchieren Sie!

Oder:
Wie haben Sie das Jahr 1989 erlebt?
Fragen Sie auch andere Leute.

15.7 Nord ↔ Süd

„Magst ihn leiden, Tonychen? Sag mal ehrlich!"
„Ja, Ida. Da müsste ich lügen, wenn ich das leugnen wollte. Er ist nicht schön, aber darauf kommt es nicht an in diesem Leben, und er ist ein grundguter Mann und keiner Bosheit fähig, das glaube mir. Wenn ich an Grünlich denke … o Gott! er sagte beständig, dass er rege und findig sei … […] So ist Permaneder nicht, siehst du. Er ist, möchte ich sagen, zu bequem dazu und nimmt das Leben zu gemütlich dazu, was übrigens andererseits auch wieder ein Vorwurf ist, denn Millionär wird er sicher nicht werden und neigt, glaube ich, ein bisschen dazu, sich gehen zu lassen und so weiterzuwursteln, wie sie da unten sagen … Denn sie sind alle so dort unten, und das ist es, was ich sagen wollte, Ida, das ist die Sache. Nämlich in München, wo er unter seinesgleichen war, unter Leuten, die so sprachen und so waren wie er, da liebte ich ihn geradezu, so nett fand ich ihn, so treuherzig und behaglich. Und ich merkte auch gleich, dass es gegenseitig war, – wozu vielleicht

beitrug, dass er mich für eine reiche Frau hält, für reicher, fürchte ich, als ich bin, denn Mutter kann mir nicht mehr viel mitgeben, wie du weißt ... Aber das wird ihm nichts ausmachen, bin ich überzeugt. So sehr viel Geld, das ist gar nicht nach seinem Sinn ... Genug ... was wollte ich sagen, Ida?“

„In München, Tonychen; aber hier?“

„Aber hier, Ida! Du merkst schon, was ich sagen will. Hier, wo er so ganz aus seiner eigentlichen Umgebung herausgerissen ist, wo alle anders sind, strenger und ehrgeiziger und würdiger, sozusagen, ... hier muss ich mich oft für ihn genieren, ja, ich gestehe es dir offen, Ida, ich bin ein ehrliches Weib, ich geniere mich für ihn, obgleich es vielleicht eine Schlechtigkeit von mir ist! Siehst du ... mehrere Male ist es ganz einfach vorgekommen, dass er im Gespräch ‚mir‘ statt ‚mich‘ gesagt hat. Das tut man da unten, Ida, das kommt vor, das passiert den gebildetsten Menschen, wenn sie guter Laune sind, und tut keinem weh und kostet nichts und läuft so mit unter, und niemand wundert sich. Aber hier sieht Mutter ihn von der Seite an, und Tom zieht die Augenbraue hoch, und Onkel Justus gibt es einen Ruck und pruscht beinahe, wie die Krögers immer tun, und Pfiffi Buddenbrook wirft ihrer Mutter oder Friederike oder Henriette einen Blick zu, und dann schäme ich mich so sehr, dass ich am liebsten aus der Stube laufen möchte, und kann mir nicht denken, dass ich ihn heiraten könnte ... “

„Ach wo, Tonychen! Sollst ja auch in München mit ihm leben.“

„Da hast du recht, Ida.“

Aus: Thomas Mann, Die Buddenbrooks

1. W-Fragen zur Texterschließung:

   Wer?
   Was?
   Mit wem?
   Worüber?
   Warum?
   Wo?

2. In welcher Beziehung stehen Tony, Ida, Permaneder, Grünlich?

3. Was ist eigentlich Tonys Problem?

SÜD

AB

16.1 Was ist „typisch deutsch“?

Wer in der Fremde lebt,
muss täglich mit
ihr zurechtkommen.
Wie von selbst
entsteht ein Bild dessen,
was typisch ist
für Land und Leute

Was ist typisch deutsch?

Sechs Ausländer antworten

Von Karin Kura und
Gundula Nitschke (Photos)
DIE ZEIT, 16. Juli 1993

Adriana Sanmartin, 33

Kunststudentin, aus Bogotá/Kolumbien, lebt seit fünf Jahren in Deutschland

Ich stand vor einem Fahrkartenautomaten in München und verstand nichts. Diese ganzen Knöpfe und Lichter! Ich drückte irgendwo drauf, und auf einmal kam es mir vor wie ein Alptraum. Ich fühlte mich so ohnmächtig vor dieser Scheißmaschine, die Dinger ausspuckte!

München wirkt auf mich künstlich, sehr sauber, und alles funktioniert. Die U-Bahn fährt, und alles hat einen Rhythmus, den Rhythmus der westlichen Welt.

Sauberkeit ist typisch für Deutschland. Ganz pervers finde ich diese Geschichte mit der Hundescheiße! Dass es Behälter gibt, wo man das reintun soll. Das hängt für mich zusammen mit dem Hundefimmel hier. Der ist sehr deutsch. Nirgendwo sonst machen sich die Menschen Gedanken über solche Sachen wie Hundekot!

In Deutschland fühle ich mich sehr sicher. Ich genieße es, dass ich, egal wie spät es ist, auf die Straße gehen kann. Natürlich könnte mir auch hier was passieren. Aber ich habe genug gefährliche Situationen in Bogotá erlebt, ich kann mich auf meinen Instinkt verlassen.

Ich schätze die Seriosität hier. Wenn ich meine Illustrationen bei deutschen Verlegern vorlege, sagen sie klar ja oder nein. In Bogotá bekommt man nie ein klares Ja oder Nein zu hören. Das war immer ein Spiel, das machte mich wahnsinnig!

Die Zuverlässigkeit gefällt mir, auch bei Freundschaften. Ich habe die Erfahrung gemacht, dass deutsche Männer zuverlässiger sind. Es ist nicht so wie bei den Latinos, die dir nach zwei Minuten eine Liebeserklärung machen. Man darf das dann auf keinen Fall ernst nehmen, es ist unseriös!

Eine Freundschaft mit Deutschen findet aber nicht so leicht einen Anfang. Die Deutschen sind da sehr vorsichtig. Sie gucken erst mal, wem sie vertrauen. Mir fehlt das Lockere, Spontane.

Gut finde ich, dass ich mich mit Menschen unterhalten kann, ohne dass es gleich Streit gibt. Man kann über viele Sachen diskutieren, ohne heiß zu werden. Es ist sehr südamerikanisch, dass man sofort explodiert.

Man kann sich in einem Restaurant in Deutschland zu Fremden an den Tisch setzen, ohne mit ihnen näher in Kontakt zu kommen. Bei uns wäre das unmöglich. Denn diese Nähe, diese Intimität, mit Leuten an einem Tisch zu sitzen, bedeutet, dass du mit ihnen Kontakt aufnehmen musst! Das ist für mich ganz natürlich. Ich sitze also lieber alleine an einem Tisch, als mit Leuten einen Tisch zu teilen, ohne mit ihnen zu reden. Das wäre für mich unerträglich.

Christian Klüver, 44

Buchhändler, aus Esbjerg/Dänemark, lebt seit zwanzig Jahren in Deutschland

Alles wird hier in Plastik verpackt. Die deutschen Bücher in meinem Laden sind eingeschweißt. Sie können gar nicht steril genug sein! Es muss alles sauber und ordentlich sein in Deutschland.

Manchmal verkaufen wir Kinderbücher für sechs Mark. Kinderbücher! Die werden von den Kunden genau unter die Lupe genommen, dass da bloß kein Kratzer drauf ist! Hier wird mehr wegen des Scheins als wegen des Seins gekauft. Die Deutschen legen sehr großen Wert aufs Äußere. Damals, in den Fünfzigern, mit dem Wirtschaftswunder, fing man an, Wert aufs Äußere zu legen, weil man das innere Gleichgewicht verloren hatte.

Aber die Leute sind hier kulturell offener als in Dänemark. Das liegt mit daran, dass die Deutschen sehr viel reisen.

Was mir wirklich Schwierigkeiten macht: Es ist nicht herzlich hier. Die Deutschen sind korrekt und höflich, aber es ist überhaupt keine Wärme da. Und die Deutschen mögen sich selbst nicht. Das ist in Dänemark anders. Zum Beispiel die dänische Flagge. Jeder benutzt sie bei uns. Dagegen haben die Deutschen kein Verhältnis zu ihrer Flagge – was ich gut verstehen kann, denn da hängt ja der Krieg dran.

Ich gehöre zu den gern gesehenen Ausländern in Deutschland. Skandinavier fallen keinem zur Last. Mit mir kann man sich zeigen.

Kenneth Anderson, 49

Gartenbauunternehmer, Südamerikaner aus Guyana, lebt seit 22 Jahren in Deutschland

Ich gehe gern in deutsche Kneipen und gucke. Ich bin eben ein komischer Mensch. Leute zu beobachten macht mir Spaß, das ist mein Hobby.

Wenn ich in ein fremdes Lokal gehe, spreche ich nie Deutsch. Das ist mein Trick! Ich sitze da und trinke mein Bier. Die Leute reden über mich: „Was will der Nigger hier bei uns?" Wenn ich mein Bier ausgetrunken habe, dann gehe ich zu denen und sage ihnen die Meinung. Da gucken sie dann dumm!

Ich werde oft von wildfremden Menschen geduzt. Ein Handwerker kommt zu uns, redet meine Frau mit Sie an, mich duzt er. Ich habe ihn rausgeschmissen!

Meine Frau kenne ich seit über zwanzig Jahren. Es gibt keine Probleme zwischen uns. Ich habe mich angepasst an Deutschland. Ich muss mich doch wie ein Gast benehmen.

Ich bin in Guyana geboren, Europa ist nicht mein Zuhause.

In den letzten Jahren fängt es in Deutschland an, schlimm zu werden. Ich meine den Fremdenhass. Ein Fisch fängt am Kopf an zu stinken, nicht am Schwanz! Diese Hetzerei gegen Ausländer kommt nämlich von ganz oben.

Nachbarn und Freunde sagen zu mir: „Andy, für uns bist du kein Ausländer, du bist einer von uns." Ein anderer, der erst kurz in Deutschland ist und den sie nicht kennen, der wird dagegen behandelt wie ein Stück Dreck!

Doch wenn ein Fisch stinkt, dann müssen nicht gleich alle Fische stinken.

Ich komme mit meinen Kunden gut zurecht. Die meisten Aufträge habe ich ja von Deutschen.

Yuriko Tsuji, Anfang 40

Hausfrau, aus Tokio, lebt seit sechs Jahren in Deutschland

Eigentlich sehe ich keine großen Unterschiede zwischen Japan und Deutschland, nur Kleinigkeiten.

In Deutschland diskutiert man gern, und man will sich durchsetzen. Diskutieren an sich finde ich ja gut, aber den Deutschen fehlt oft die Fähigkeit zum Zuhören, und sie tun sich schwer, eine andere Meinung zu akzeptieren. Bei Talkshows im Fernsehen beobachte ich, wie heftig diskutiert und laut gesprochen wird, die anderen werden unterbrochen – das finde ich nicht gut. In Japan hört man besser zu und nimmt Rücksicht aufeinander.

Die Hunde in Deutschland sind zahm, und die Kinder sind folgsam. Da haben Kinder in Japan mehr Möglichkeiten zu toben und sich zu widersetzen. Hier wollen die Leute oft gar keine Kinder haben, auch wegen der Umweltverschmutzung.

Die Deutschen schätzen die Sauberkeit sehr. Mich wundert, dass es überall diesen Hundekot gibt. In Tokio macht man das mit Schaufel und Tüte weg.

Deutsche Küchen sind sehr sauber. Ich verstehe nicht, wie die Leute sie so sauber halten können.

Ich verhalte mich bei deutschen Gästen anders als bei japanischen. Mit den deutschen Besuchern spreche ich viel mehr und bleibe immer dabei sitzen. Bei Japanern gehe ich oft in die Küche, laufe hin und her. Das ist für uns Japaner normal. Die Deutschen erwarten Aufmerksamkeit die ganze Zeit. Wenn ich viel aufstehe und herumlaufe, dann ist das für sie merkwürdig.

Wir machen einen deutsch-japanischen Kochaustausch. Das funktioniert ziemlich gut, wo man doch gerade beim Essen eher konservativ ist. Aber die Deutschen, die ich kenne, sind nicht typisch. Sie interessieren sich für Fremdes.

Ich glaube, die Zeit verändert sich. Die Deutschen, die offen für Fremdes sind, gewinnen an Einfluss. Dazu kommen ja auch die Einflüsse von Ausländern, die hier schon länger leben.

Yang-Soon Dieckmeyer-Kang, 26

Verkäuferin im Lebensmittelladen „Asia Food", aus Seoul, lebt seit dreizehn Jahren in Deutschland

Die meisten Deutschen achten sehr auf Ordnung. Für mich ist das Unflexibilität.

Einmal, als ich zu Fuß auf der Straße unterwegs war, wollte ich links in einen Laden reingehen. Dabei kam ich einer Frau, die mir entgegenkam, in die Quere. Sie fühlte sich von mir belästigt und sagte: „Hier in Deutschland geht man rechts!"

Die Menschen in Korea gehen anders miteinander um. Sie sind rücksichtsvoller. Die Deutschen sind viel direkter. Asiaten sind nie so direkt, sie versuchen auf andere Art und Weise zu zeigen, was sie meinen. Inzwischen bin ich auch schon manchmal sehr direkt.

Mein Mann ist Deutscher. Wir haben in einigen Dingen schon unterschiedliche Sichtweisen. Gerade wenn es um die Familie geht. Er kann nicht verstehen, dass ich so viel Respekt vor meiner Mutter und vor meinen Geschwistern habe. Er findet, dass die Familie zu viel von mir erwartet. Manchmal muss ich ihm da Recht geben.

Ich versuche, aus den zwei verschiedenen Kulturkreisen das Beste herauszufinden – auch für meine Kinder. Ich möchte, dass meine Tochter Respekt vor älteren Menschen hat. Das ist bei den Deutschen weniger der Fall. Und ich möchte ihr vermitteln, dass es egal ist, welche Nationalität ein Mensch hat.

Gastfreundschaft ist bei uns sehr wichtig. Hier in Deutschland habe ich sie manchmal schon verloren. Wenn ein Deutscher mich besucht, und es wird mir lästig, dann denke ich, ach, der nimmt das sowieso nicht so genau. Da reicht es, wenn ich nur was zum Trinken anbiete. Koreanern biete ich immer auch etwas zum Essen an, da denke ich nicht drüber nach. Und ich mache es in dem Moment auch gerne. Die meisten Deutschen trauen sich nicht richtig, mit mir in Kontakt zu kommen. Sie sind ganz vorsichtig. Ich glaube, weil sie nicht wissen, wie sie mit mir als Asiatin umgehen sollen.

Ich finde es wichtig, dass die Deutschen wissen, wie sich viele Ausländer hier fühlen: Da ist die Angst, etwas falsch zu machen.

Auf der Straße habe ich Angst, jemandem aus Versehen auf die Füße zu treten. Denn es ist ja so: Ich muss damit rechnen, dass gerade dieser Mensch etwas gegen Ausländer hat und mich dann beschimpft.

Gabriella Angheleddu, 27

Germanistikstudentin, aus Sardinien, lebt seit fünf Jahren in Deutschland

Am Anfang war es für mich ein Problem, dass ich die Leute nicht richtig verstehen konnte. Sie zeigen nicht viel. Ich konnte an ihren Augen nicht richtig sehen, was in ihnen vorgeht. Ich habe lange gebraucht, um das ein bisschen zu entschlüsseln. Inzwischen weiß ich, dass es keine Kälte bedeutet und auch keine Gleichgültigkeit. Ich verstehe die Körpersprache besser – auch die Verklemmung.

Ich studierte anfangs in Göttingen und suchte eine Wohngemeinschaft. Schon der Anfang war sehr kompliziert. Ich bin dreimal da gewesen, bevor sie sich für mich entscheiden konnten.

Im Grunde mochten sich die Leute in der WG nicht. Aber statt zu sagen „Ich habe keinen Bock auf deinen Lärm“ oder so, redete man sanft drum herum. Das hat mich gestört. Ich habe hier viele Leute kennengelernt, die an Probleme nur so rangehen können, sonst sind sie völlig verunsichert.

Frau sein ist hier anders. Deutsche Frauen denken, Italienerinnen seien weniger bewusst, weil sie sich weiblicher kleiden und die Haare an den Beinen entfernen. Ich finde das beschränkt.

Gerade die selbstbewussten Frauen in Deutschland haben so eine Härte, die irritiert mich. Da sind die Deutschen sowieso extrem. Es gibt immer gut und böse, richtig und falsch.

Hier in Deutschland wirst du sehr schnell in Schubladen gesteckt. Das finde ich ganz schrecklich! Es gibt die Freaks, Popper und Yuppies, und alle ziehen sich so an, wie es zu der jeweiligen Gruppe passt. Ich finde es absurd, dass man Zugehörigkeit von etwas Äußerem abhängig macht.

Die Zerstörung der Familie finde ich in Deutschland krass. Ich wünschte mir die ganze Atmosphäre hier netter. Dass die Kassiererin im Supermarkt so genervt guckt, das stört mich. Und man geht auf der Straße und schaut die Leute nicht richtig an. Manchmal fällt mir das auf, und ich denke, mein Gott, ist das anstrengend! Man kommt einfach nicht richtig in Kontakt. Darunter leiden die Deutschen ja auch selbst! Na ja, mit so einem Wetter wie hier kann man ja wohl gar nicht freundlich sein – jedenfalls im Winter nicht.

Natürlich gibt es in Deutschland auch Dinge, die ich schätze. Ich habe gelernt, mich anständig bezahlen zu lassen und auf meinem Recht zu bestehen. Es gibt eine gewisse Gerechtigkeit hier. Und die Professionalität in Deutschland imponiert mir. Wenn man etwas tut, dann betreibt man es richtig, mit Ernsthaftigkeit. Gerade in diesem Punkt sind Deutschland und Italien zwei Extreme. Wenn ich in Italien bin, atme ich zwar auf und denke: Ach, sind die Leute locker!, aber ich kann mir kaum vorstellen, in Italien ohne Nerv und Stress zu arbeiten. Und hier funktioniert eben alles.

Vor ein paar Jahren an Weihnachten machte ich einen Ausflug durch die Dörfer bei Göttingen. Da sah ich eine Frau, die eine öffentliche Telefonzelle putzte. Sie stand da in Gummistiefeln und schrubbte die Telefonzelle im Ort! Das kann nur in Deutschland passieren, dachte ich.

1. Tragen Sie in ein Raster ein:

   Was bezeichnen die Personen als typisch deutsch?
   Wie bewerten sie es?

	Adriana Sanmartin Kolumbien	**Kenneth Anderson** Guayana	**Christian Klüver** Dänemark	**Gabriella Angheleddu** Sardinien	**Yuriko Tsuji** Tokio	**Yang-Soon Dieckmeyer-Kang** Seoul
Diskussion über ein Thema						
Familie						
Frauen und Männer						
Freundschaften						
Gesprächsabläufe						
Gastfreundschaft						
Geschäftsgebaren						
Hunde						
Ordnung						
Sauberkeit						

2. In welchen Punkten gibt es widersprüchliche Wahrnehmungen oder Wertungen? Warum wohl?

3. – Welche Formulierungen werden am häufigsten zur Typisierung benutzt?
   – Welche Formulierungen implizieren eine Bewertung?
   – Mit welchen Formulierungen wird versucht, eine Übergeneralisierung zu vermeiden?

4. Suchen Sie sich ein Thema oder mehrere Themen aus, und versuchen Sie, die Unterschiede zwischen den Heimatkulturen der befragten Personen, Ihrer eigenen Kultur und der deutschen zu beschreiben, ohne sie gleichzeitig zu bewerten!

16.2 Ist das deutsch?

1. Suchen Sie maximal zehn Dinge heraus, die Sie für typisch deutsch halten.

   Was geschieht in dem Text mit diesen Klischees?

2. Machen Sie einen ähnlichen Text über Ihr Land, Ihre Region, indem Sie gängige Stereotype (Fremd- und Eigenstereotype) „in Frage stellen".

Tannenbäume? Reiseträume? Kühler Verstand? Kaltes Herz? T
Minderwertigkeitskomplexe? Minderheitenschutz? Geltungssuc
Solingen? Vergeßlichkeit? Perfektionismus? Rechthaberei? Lu
Sozialhilfe? Wirtschaftswunder? Glücksspirale? Berlinale? M
Volkswagen? Volxküche? Doitschland den Doitschen? Eitelkeit?
Weltkrieg? Die Mauer? Beifallklatschende Zuschauer? Demo
Saubermachen? Magersucht? Fußball ist unser Leben? Dichter
schlechter machen, als man ist? Sich immer schuldig fühler
Arbeitswut? Steuerbetrug? Liebesentzug? Muskelkraft? Erfind
Dauerfrust? Moralprediger? Großzügig zu eigenen Fehlern ste
Nachbarn mal die Blumen gießen? Hunger aus den harten Zeite
zücken? Brandbomben? Heimatliebe? Heimtücke? Kindergärte
fühlen? Pflichtbewußtsein? Ich? Ohne Fleiß kein Preis? Reise
Herzlichkeit? Schönheit? Toleranz? DIN-Norm? Nonkonform? H
Pracowici? Szwaby? Szkopy? Mangiakrauti? Crucco? Patates A
damit entschuldigen, daß die Franzosen oder die Italiener oder di
sind? In Weiß heiraten? Immer schwarz sehen? Jede Mode mit
Sorglos? Hemmungslos? Seinen Mann stehen? Ausländer zusam
Nachbarschaftshilfe? Neid? Niveau? Nivea? Feierabend? Nac
wollen? Anderen davonfahren? Anderen an den Karren fahren?
statt etwas tun? Erbsen zählen? Kinder quälen? Auf die Tube dr
Tisch machen? Sich mit anderen an einen Tisch setzen? Auf ein
graben? Fackelzüge? Bierkrüge? Gelassenheit? Humor? Gute L
zeigen? Blasmusik? Sich sauwohl fühlen? Sich aufspielen? Bürok
das Himmelreich? Wir brauchen niemanden? Wir kommen alle
Auswanderungsland? Einwanderungsland? Sauerkraut? Politikv
Den Nachbarn verklagen? Panikmache? Ehrensache? Uniformer
Mahlzeit sagen? Nicht nachfragen? Vorbild sein? Daneben sei
locker lassen? Schäferhund? Kritisch sein? Selbstkritisch sein?
Gretchen? Grundsätze haben? Ein Grundgesetz haben? Das Verf
hinaus wachsen? Wachsamkeit? Hingabe? Aufgabe? Über seine
Senatsverwaltung für Soziales, Potsdamer Straße 65, 10785 Berl

Was ist deutsch?

Plakat „Was ist deutsch?" Kampagne „Miteinander leben in Berlin" 1993. Konzeption und Gestaltung: Projektateliers Berlin.

s ist tisch?

Ausländerhaß? Offenheit? Betroffenheit? Baseballschläger? Schinkenhäger?
wicklungshilfe? Nächstenliebe? Seitenhiebe? Hungerkur? Sauftour? Rostock?
e? Brathähnchen? Hilfsbereitschaft? Tagesschau? Fahrradklau? Stahlhelm?
rale? Tierliebe? Menschlichkeit? Sentimentalität? Reizbarkeit? Autonome?
ebe? Kuhglocken? Tütensuppe? Kampfsportgruppe? Erster Weltkrieg? Zweiter
Gleiche Rechte nur für mich? Gleiche Pflichten nur für dich? Faulenzen?
ker? Richter und Henker? Gastfreundschaft? Die Grenzen dicht machen? Sich
Mut ansaufen? Den Verstand unterlaufen? Familienbande? Bandenkriege?
Möchtegern? Hitlergruß? Sündenbocksuchen? Unsicherheit? Visionen haben?
i anderen nie die Vorzüge sehen? Fremdes nur mit Vorsicht genießen? Beim
n? Bei Elendsberichten die Programmtaste drücken? Oder mal das Scheckbuch
chkeit? Die Selbstzweifel mit Schnaps wegspülen? Sich danach etwas besser
usland? Ein Ferienhaus in Spanien? Das Auto aus Japan? Bäuche? Räusche?
n? Sich zuhause fühlen? Sich fremd fühlen? Fremde Kulturen anregend finden?
Sich über alles aufregen, was anders ist? Auf dem rechten Auge blind sein? Sich
nder oder die Holländer oder die Amerikaner oder alle anderen auch nicht besser
n? Das Ladenschlußgesetz ehren? TÜV-Kontrolle? Frühlingsrolle? Trauerkloß?
Deutschen? Ossis gegen Wessis? Wessis gegen Ossis? BVG? BKA? FKK? MTV?
Höherem streben? An Vorurteilen kleben? Zupacken? Nichts davon wissen
Matthäus? Anthony Yeboah? Roy Black? Roberto Blanco? Zur Tat schreiten
Mit den Reifen quietschen? Am Stammtisch den wilden Stier machen? Reinen
liche Zukunft setzen? Angst vor der Zukunft haben? Dem anderen eine Grube
aben? Eine bessere Ausbildung haben? Nie genug haben? Zumachen? Vogel
Umweltschmutz? Datenschutz? Alles wollen? Alles verwalten? Das Vaterland ist
echt? Butterberg? Gartenzwerg? Unter sich bleiben? Aus sich herausgehen?
nheit? Unfrieden stiften? Saubermänner? Das Wandern ist des Müllers Lust?
t Du nicht mein Bruder sein, dann schlag ich Dir den Schädel ein? Abrechnen?
varzfahren? Blaumachen? Auf Paragraphen reiten? Sich Mühe geben? Nicht
chein? Mehr Schein als Sein? Bundesbahn? Autowahn? Käffchen? Bierchen?
sgericht anrufen? Wir sind die Größten? Unter die Gürtellinie zielen? Über sich
tnisse leben? Miteinander leben in Berlin. Die Ausländerbeauftragte des Senats,
fon 26 54 23 57 und 26 54 23 81, Fax 262 54 07.

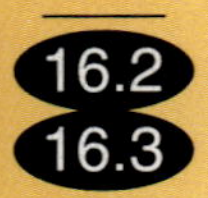

WITTENBERG, Ausgangspunkt der Reformation

16.3 „Logische" Verknüpfungen

Solide arbeitender, daher mitteloser Zahnarzt (46, 1,78) möchte es doch noch einmal versuchen, eine ehrliche Partnerschaft aufzubauen.
Zuschriften mit Bild an ZR

ER, 39,
Handwerker
Nichttänzer, z. Z. ohne Fahrzeug, sucht trotzdem eine Frau, bei der er ab und zu den öden Alltag vergessen kann. Raum Tübingen angenehm. Zuschr. werden absolut diskret behandelt unter ■ an die Geschäftsstelle.

1. Unter welchen Voraussetzungen stimmen diese Texte?

Gestern war ich bei Bekannten.
Obwohl sie mich eingeladen hatten, gab
es kein richtiges Essen, sondern nur Brot und Wurst.
Sie waren trotzdem sehr nett zu mir.
Dann haben wir noch zwei Flaschen Wein getrunken, obwohl
wir mit dem Essen schon fertig waren.

Marie Marcks

2. Erfinden Sie kurze Geschichten, in denen logische Verknüpfungen „nicht stimmen“.

   Tragen Sie Ihre Geschichten den anderen vor. Diese müssen dann herausfinden, was in einem deutschen oder eventuell in Ihrem muttersprachlichen/heimatlichen Kontext nicht logisch ist.

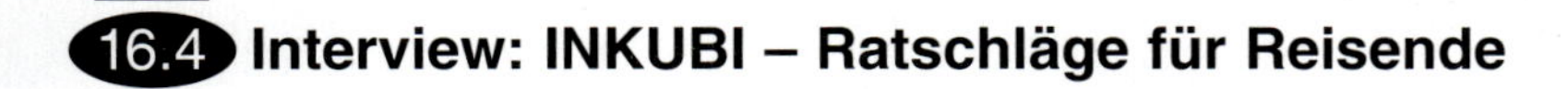

16.4 Interview: INKUBI – Ratschläge für Reisende

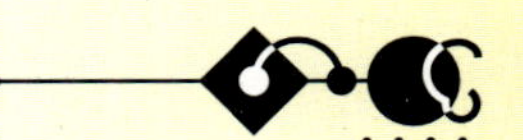

1. INKUBI ist die Abkürzung für „Interkulturelle Beratung“.
   Was für Funktionen könnte eine Einrichtung mit diesem Namen haben?

2. In was für Fällen würden Sie die Dienste einer solchen Institution in Anspruch nehmen?

3. Der folgende Text ist ein Interview mit einer Mitarbeiterin von INKUBI.
   Welche Fragen würden Sie stellen, wenn Sie das Interview führen würden?

4. Hören Sie das Interview. Vergleichen Sie die gestellten Fragen mit Ihren Fragen.

5. Verteilen Sie die Fragen auf verschiedene Gruppen, und hören Sie den Text noch einmal. Jede Gruppe konzentriert sich auf ihre Frage(n) und macht Stichpunkte.

6. Sammeln Sie alle Stichpunkte an der Tafel.
   Hören Sie den Text noch einmal, und ergänzen Sie die Informationen.

17.1 Fotocollage: URLAUB

Bild 4

Aktiv Urlaub

Urlaub

~~Bilder Urlaub~~

Bildungsreise

Bild 5

Worauf kommt es diesen Leuten im Urlaub an …

Zu Hause

… und was bedeutet Urlaub für Sie?

symbol für Spießig

Spießer/in

Bild 6

Garten Zwerge ?

Balkonien

Balkon Urlaub

17.2 Interviews: Urlaub

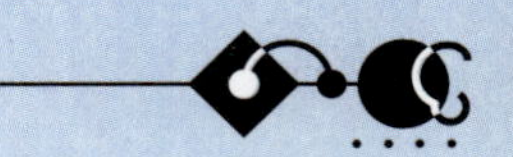

1. Bilden Sie fünf Gruppen.
   Jede Gruppe hört eines der Interviews so oft, bis sie den anderen erklären kann, was für die jeweilige Person beim Urlaub am wichtigsten ist.

2. Vergleichen Sie mit den anderen Gruppen und mit den Antworten zur Fotocollage in 17.1.

3. – Zeichnen Sie eine „typische" Menge: URLAUB für Deutsche (ähnlich wie WALD in 11.4).
   – Machen Sie dasselbe für sich selbst (persönliche Menge), und fragen Sie auch andere Leute aus Ihrer eigenen Kultur.
   Vergleichen Sie.

17.3 Miese Ferien – Tolle Ferien

Das sagten Schüler einer 8. Klasse:

- Autoscheibe kaputt
- mit der Schwester das Bett teilen müssen
- keine Kinder am Strand
- alles überfüllt
- platter Reifen
- schlechte Laune
- Öl im Wasser
- Pläne fallen aus
- Heimfahrt wegen Verletzung
- Streit mit dem Bruder
- Tauwetter
- Langeweile, wenig Schnee, Unfall auf der Hinfahrt
- nicht tanzen
- Schwimmbad ist zu
- Haus wird renoviert
- im Heim
- keine Zeitung
- Stubenarrest
- Schimpfe
- für die Schule lernen
- keine Spielkameraden
- von etwas abhängig sein
- Nachhilfestunden

- Ferien von der Schule
- schönes Wetter, die See oder das Meer
- Ferien mit Freunden oder Jugendgruppe (zelten)
- neue Bekanntschaften schließen
- viele Feten feiern, was vom Land sehen, Fahrten unternehmen
- die Lebensweise der Leute kennen lernen
- tolle Betreuer, Erlebnisse
- Lagerfeuer
- Nachtwanderungen, faulenzen
- lange aufbleiben und lange schlafen
- unter sich sein, Geld haben
- Welt beglotzen
- faulenzen
- feiern bis zum nächsten Tag
- mit Stars zusammentreffen
- ordentliches Essen
- Feten besuchen (Diskotheken)
- viel Geld dabeihaben
- mit einer Gruppe verreisen, auf sich selbst angewiesen sein
- netten Leuten begegnen
- Kissenschlacht
- Fußballstadien besuchen
- vor den Eltern Ruhe haben

Wie würde Ihre eigene Liste aussehen?

17.4 In einer Höhle am Waldrand ...

In einer Höhle am Waldrand
lebten zwei junge Füchse.
Der eine war mutig,
4 der andere war ängstlich.

Lange Zeit lebten sie
in Eintracht zusammen.
Aber eines Tages
8 zog es den mutigen Fuchs
in die Welt hinaus.

Warum? ____________ . . . . .

Ich habe genug von dieser Höhle,
sagte er zu dem ängstlichen Fuchs.
12 Ich habe genug von diesem Waldrand,
von diesem täglichen Einerlei.
Ich möchte die Welt entdecken.
Komm mit!

16 Nein, sagte der ängstliche Fuchs,
ich bleibe lieber zu Hause.

Warum? ____________ . . . . .

Der mutige Fuchs lachte ihn aus
und nannte ihn einen Hasen.
20 Das ist das Schlimmste,
was ein Fuchs dem andern sagen kann.

Also machte sich der mutige Fuchs
auf den Weg.
24 Der Ängstliche aber blieb allein
in der Höhle zurück.

Am ersten Tag
fühlte er sich einsam.

28 Am zweiten Tag fing er an,
einen neuen Ausgang zu graben.

Am dritten Tag befreundete er sich
mit einer Blume vor seiner Höhle.

32 Am vierten Tag entdeckte er
die Zeichnung auf einem Kieselstein.

Am fünften Tag bewegte ihn
die Schönheit eines Schneckenhauses.

36 Am sechsten Tag freute er sich
an der bunten Feder eines Eichelhähers.

Am siebten Tag aber
war der neue Ausgang fertig,
40 und er machte es sich
in seiner Höhle gemütlich.

Doch in diesem Augenblick
kam der mutige Fuchs
44 durch den neuen Eingang gestolpert.
Keuchend drückte er sich in eine Ecke.
Er zitterte am ganzen Körper.
Sein Fell war zerzaust,
48 und er blutete aus der Nase.

Erst als er sich
ein wenig beruhigt hatte,
merkte er,
52 dass er sich wieder
in der alten Höhle befand.
Der neue Eingang
hatte ihm das Leben gerettet.

56 Er erzählte dem ängstlichen Fuchs
von seinen nächtlichen Abenteuern,
von Hasen und Hühnern,
von Jägern mit Gewehren
60 und einem bellenden Hund,
der ihn bis vor die Höhle
verfolgt hatte.

Der ängstliche Fuchs freute sich,
64 dass der mutige Fuchs
zu ihm zurückgefunden hatte.
Er machte ihn mit seiner Freundin,
der Blume, bekannt.
68 Und er zeigte ihm,
was er beim Bau des neuen Ausgangs
alles entdeckt hatte,
den Kieselstein, das Schneckenhaus
72 und die Vogelfeder.

Der mutige Fuchs staunte.
Er schämte sich,
dass er den ängstlichen Fuchs
76 einen Hasen genannt hatte.

Wenn du aber glaubst,
der mutige Fuchs
sei von nun an zu Hause geblieben,
80 täuschest du dich.
Von Zeit zu Zeit
zog es ihn in die Welt hinaus,
und nichts und niemand
84 konnten ihn zurückhalten.

Wie könnte die Geschichte enden?

____________ . . . . .

17.5

17.5 Interrail

1. Teilen Sie die Klasse in zwei Gruppen.
   Jede Gruppe liest nur einen der beiden Texte und spricht anschließend darüber.
   Dann sucht sich jede/r einen Partner aus der anderen Gruppe. Die Paare erzählen sich gegenseitig – ohne zu lesen – den Inhalt ihres Textes.

INTERRAIL: BILLIG BIS 26

Die Interrail-Karte bietet Jugendlichen mit nicht allzu vollem Geldbeutel eine relativ preisgünstige Möglichkeit, Europa kennen zu lernen, eine Gelegenheit, die ungefährlicher ist als zum Beispiel eine „Fahrt auf dem Daumen“ (Autostopp), Bahnfahrten sind auch zeitlich besser einzuplanen. Aber alle Vorteile einer Interrail-Rundtour sollten nicht darüber hinwegtäuschen, dass ein solcher Urlaub auch sehr strapaziös sein kann, selbst wenn man nicht gerade eine Mammut-Tour macht. Nicht immer klappt es mit den Anschlüssen, preiswerte Unterkünfte sind oft schwer zu finden. So sind die Jugendherbergen meist schon lange vorher ausgebucht.

Die jungen Leute können zwischen sieben Zonen wählen, die Ticketpreise sind nach Anzahl der zu bereisenden Zonen gestaffelt. Wer eine einzige Zone bereisen will (bis zu sieben Länder, 15 Tage gültig), ist mit 420,– DM dabei. Wen es dagegen in alle 29 europäischen Länder zieht, der kann dies – einen ganzen Monat lang – für insgesamt 630,– DM. Für Transitstrecken wie auch für die Reise vom Abgangsbahnhof bis zur Grenze gewähren die Bahnen jeweils 50 % Ermäßigung. Wer in der Hauptreisezeit unterwegs sein will, sollte, sofern er eine feste Route plant, möglichst vorher Plätze reservieren lassen, auch wenn es in überfüllten Zügen nicht immer gelingt, die Reservierung auch durchzusetzen. Bei einer Reise ins Blaue hilft ein Auslandskursbuch, in dem alle wichtigen Verbindungszüge auf Europas Hauptstrecken aufgeführt sind.

(Angaben von 1995)

WIE IN EINER HERDE

Das Gedränge und der Dreck nehmen kontinuierlich zu. Die zweite Nacht beginnt.

Ich komme mir vor wie in einer Herde: übermüdete Tiere auf dem Transport. Mit rot geränderten Augen schauen alle durch die schwarzen Fensterlöcher nach draußen, wo ein heftiges Gewitter niedergeht. Es stinkt nach Müll. Hinten auf dem Gang schreit ein Säugling. Wir stehen apathisch. Inzwischen sind wir wohl so an die zehn Personen hier vor dem Klo. An einen Sitzplatz auf dem Fußboden, geschweige denn an einen Liegeplatz, ist nicht mehr zu denken. Es ist wie in einem überfüllten Fahrstuhl, wo die Zusammengewürfelten nicht wagen, einander in die Augen zu blicken, und jede zufällige Berührung entschuldigt und registriert wird, um es nur ja nicht zu Missverständnissen kommen zu lassen. Distanz wahren – das gerät zur Farce. Niemand will auch nur einen Fußbreit Boden abgeben.

Einmal steigt ein Mann aus, und es gibt etwas Luft. Der frei gewordene Platz wird an der nächsten Station wieder von einem älteren Jugoslawen eingenommen. Geballte Agressivität schlägt ihm entgegen, obwohl er nur einen kleinen Rucksack mit einer Thermoskanne und wahrscheinlich ein Stullenpaket bei sich hat. Er kommt von der Spätschicht und will nur die paar Stationen bis nach Hause fahren. „Besetzt – hier ist kein Platz mehr“, schlägt es ihm in mehreren Sprachen entgegen. Er lässt sich jedoch nicht abschrecken. Ruhevoll und mit geübtem Blick übersieht er die Situation, drängelt etwas, schiebt geduldig und steht endlich inmitten unseres dicken Pulks.

Michael Vageler, DIE ZEIT, 25. 5. 1981

INTERRAIL

2. – Was haben die beiden Texte inhaltlich miteinander zu tun?
   – Worin unterscheiden sie sich?

17.6 Die Suks

1. Machen Sie die Augen zu. Stellen Sie sich vor, Sie sind …
   – auf dem Markt.
   Was riechen, spüren, hören und sehen Sie?

2. Sie kaufen etwas.
   Worauf kommt es Ihnen an, damit es für Sie ein guter Kauf wird?

Kaufakt	Zeitaufwand	Gegenstand	Preis	Qualität
Unterhaltung	wenig	schön	billig	gut
Atmosphäre	mittel	Erlebniswert	angemessen	schlecht
Beratung	viel	brauchbar	teuer	mittel
unwichtig	…	Prestige	preiswert	angemessen
übersichtliches Warenangebot		entspricht (nicht) den Vorstellungen	Sonderangebot	…
große Auswahl		dekorativ	gute Gelegenheit	
aufdringlicher/ zurückhaltender Verkäufer		verpackt	Schnäppchen	
Service		…	klar ausgezeichnet	
…			…	

Ordnen Sie nach Prioritäten.

Ein guter Kauf:

1.
2.
3.
…

Ein schlechter Kauf:

1.
2.
3.
…

3. Diskutieren Sie über Ihre Prioritätenlisten, und stellen Sie eine gemeinsame Prioritätenliste auf. (Bei multinationalen Klassen in nationalen Gruppen.)

4. Hören Sie die Texte zum Thema „Einkaufen“ auf der Kassette, und vergleichen Sie Ihre Prioritätenliste mit dem, was die Deutschen sagen.

5. Lesen Sie den Text.

DIE SUKS

Es ist würzig in den Suks, es ist kühl und farbig. Der Geruch, der immer angenehm ist, ändert sich allmählich, je nach der Natur der Waren. Es gibt keine Namen und Schilder, es gibt kein Glas. Alles, was zu verkaufen ist, ist ausgestellt. Man weiß nie, was die Gegenstände kosten werden, weder sind sie an ihren Preisen aufgespießt, noch sind die Preise fest.

Alle Gelasse und Läden, in denen dasselbe verkauft wird, sind dicht beieinander, zwanzig oder dreißig oder mehr von ihnen. Da gibt es einen Bazar für Gewürze und einen für Lederwaren. Die Seiler haben ihre Stelle und die Korbflechter die ihre. Von den Teppichhändlern haben manche große, geräumige Gewölbe; man schreitet an ihnen vorbei wie an einer eigenen Stadt und wird bedeutungsvoll hineingerufen. Die Juweliere sind um einen besonderen Hof angeordnet, in vielen von ihren schmalen Läden sieht man Männer bei der Arbeit. Man findet alles, aber man findet es immer vielfach.

Die Ledertasche, die man möchte, ist in zwanzig verschiedenen Läden ausgestellt, und einer dieser Läden schließt unmittelbar an den anderen an. Da hockt ein Mann inmitten seiner Waren. Er hat sie alle ganz nah bei sich, es ist wenig Platz. Er braucht sich kaum zu strecken, um jede seiner Ledertaschen zu erreichen; und nur aus Höflichkeit, wenn er nicht sehr alt ist, erhebt er sich. Aber der Mann im Gelass neben ihm, der ganz anders aussieht, sitzt inmitten derselben Waren. Das geht vielleicht hundert Meter so weiter, zu beiden Seiten der gedeckten Passage. Es wird sozusagen alles auf einmal angeboten, was dieser größte und berühmteste Bazar der Stadt, des ganzen südlichen Marokko an Lederwaren besitzt. In dieser Zurschaustellung liegt viel Stolz. Man zeigt, was man erzeugen kann, aber man zeigt auch, wieviel es davon gibt. [...]

Neben den Läden, wo nur verkauft wird, gibt es viele, vor denen man zusehen kann, wie die Gegenstände erzeugt werden. So ist man von Anfang an dabei, und das stimmt den Betrachter heiter. Denn zur Verödung unseres modernen Lebens gehört es, dass wir alles fix und fertig ins Haus und zum Gebrauch bekommen, wie aus hässlichen Zauberapparaten. Hier aber kann man den Seiler eifrig bei seiner Arbeit sehen, und neben ihm hängt der Vorrat fertiger Seile. In winzigen Gelassen drechseln Scharen von kleinen Jungen, sechs oder sieben von ihnen zugleich, an Holz herum, und junge Männer fügen aus den Teilen, die ihnen von den Knaben hergestellt werden, niedrige Tischchen zusammen. Die Wolle, deren leuchtende Farben man bewundert, wird vor einem selbst gefärbt, und allerorts sitzen Knaben herum, die Mützen in hübschen und bunten Mustern stricken.

Es ist eine offene Tätigkeit, und was geschieht, *zeigt* sich, wie der fertige Gegenstand. In einer Gesellschaft, die so viel Verborgenes hat, die das Innere ihrer Häuser, Gestalt und Gesicht ihrer Frauen und selbst ihre Gotteshäuser vor Fremden eifersüchtig verbirgt, ist diese gesteigerte Offenheit dessen, was erzeugt und verkauft wird, doppelt anziehend.

Der Passant, der außen vorübergeht, ist durch nichts, weder Türen noch Scheiben, von den Waren getrennt. Der Händler, der mitten unter ihnen sitzt, trägt keinen Namen zur Schau, und es ist ihm, wie ich schon sagte, ein leichtes, überall hinzulangen. Dem Passanten wird jeder Gegenstand bereitwillig gereicht. Er kann ihn lang in der Hand halten, er kann lang darüber sprechen, er kann Fragen stellen, Zweifel äußern, und wenn er Lust hat, seine Geschichte, die Geschichte seines Stammes, die Geschichte der ganzen Welt vorbringen, ohne etwas zu kaufen. Der Mann unter seinen Waren ist vor allem eines: Er ist ruhig. Er sitzt immer da. Er sieht immer nah aus. Er hat wenig Platz und Gelegenheit zu ausführlichen Bewegungen. Er gehört seinen Waren so sehr wie sie ihm. Sie sind nicht weggepackt, er hat immer seine Hände oder seine Augen auf ihnen. Eine Intimität, die verführerisch ist, besteht zwischen ihm und seinen Gegenständen. Als wären sie seine sehr zahlreiche Familie, so bewacht er sie und hält sie in Ordnung.

Es stört und beengt ihn nicht, dass er ihren Wert genau kennt. Denn er hält ihn geheim, und man wird ihn nie erfahren. Das gibt der Prozedur des Handelns etwas Feurig-Mysteriöses. Nur er kann wissen, wie nah man seinem Geheimnis kommt, und er versteht sich darauf, mit Elan alle Stöße zu parieren, so dass die schützende Distanz zum Wert nie gefährdet wird. Für den Käufer gilt es als ehrenvoll, sich nicht betrügen zu lassen, aber ein leichtes Unternehmen ist das nicht, da er immer im Dunklen tappt. In Ländern der Preismoral, dort, wo die festen Preise herrschen, ist es überhaupt keine Kunst, etwas einzukaufen. Jeder Dummkopf geht und findet, was er braucht, jeder Dummkopf, der Zahlen lesen kann, bringt es fertig, nicht angeschwindelt zu werden. In den Suks hingegen ist der Preis, der zuerst genannt wird, ein unbegreifliches Rätsel. Niemand weiß ihn vorher, auch der Kaufmann nicht, denn es gibt auf alle Fälle viele Preise. Jeder von ihnen bezieht sich auf eine andere Situation, einen anderen Käufer, eine andere Tageszeit, einen anderen Tag der Woche. Es gibt Preise für einzelne Gegenstände und solche für zwei oder mehrere zusammen. Es gibt Preise für Fremde, die nur einen Tag in der Stadt sind, und solche für Fremde, die hier schon drei Wochen leben. Es gibt Preise für Arme und Preise für Reiche, wobei die für die Armen natürlich die höchsten sind. Man möchte meinen, daß es mehr verschiedene Arten von Preisen gibt als verschiedene Menschen auf der Welt.

Aber das ist erst der Anfang einer komplizierten Affäre, über deren Ausgang nichts bekannt ist. Es wird behauptet, dass man ungefähr auf ein Drittel des ursprünglichen Preises herunterkommen soll, doch das ist nichts als eine rohe Schätzung und eine jener schalen Allgemeinheiten, mit denen Leute abgefertigt werden, die nicht willens oder außerstande sind, auf die Feinheiten dieser uralten Prozedur einzugehen.

Es ist erwünscht, dass das Hin und Her der Unterhandlungen eine kleine, gehaltreiche Ewigkeit dauert. Den Händler freut die Zeit, die man sich zum Kaufe nimmt. Argumente, die auf Nachgiebigkeit des anderen zielen, seien weit hergeholt, verwickelt, nachdrücklich und erregend. Man kann würdevoll oder beredt sein, am besten ist man beides. Durch Würde zeigt man auf beiden Seiten, dass einem nicht zu sehr an Kauf oder Verkauf gelegen ist. Durch Beredsamkeit erweicht man die Entschlossenheit des Gegners. Es gibt Argumente, die bloß Hohn erwecken, aber andere treffen ins Herz. Man muss alles ausprobieren, bevor man nachgibt.

In Läden, die so groß sind, dass man eintreten und umhergehen kann, pflegt der Verkäufer sich gern mit einem zweiten zu beraten, bevor er nachgibt. Der zweite, der unbeteiligt im Hintergrund steht, und eine Art geistliches Oberhaupt über Preise, tritt zwar in Erscheinung, aber er feilscht selbst nicht. Man wendet sich an ihn nur, um letzte Entscheidungen einzuholen. Er kann, sozusagen gegen den Willen des Verkäufers, phantastische Schwankungen im Preis genehmigen. Aber da *er* es tut, der selbst nicht mitgefeilscht hat, hat sich niemand etwas vergeben.

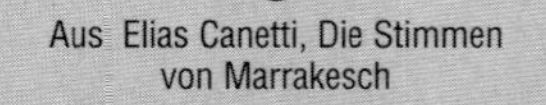

Aus Elias Canetti, Die Stimmen von Marrakesch

6. Sammeln Sie Informationen für ein Merkblatt für Touristen.
   Was sollte man wissen über:

   – die Suks im Allgemeinen
   – die Läden in den Suks
   – die Waren
   – die Verkäufer
   – die Preise
   – den Kaufakt

7. Was scheint im Herkunftsland des Beobachters (Canetti) anders zu sein?

8. Was ist nach Canettis Beobachtungen in diesem Bazar für einen Kunden und was für einen Verkäufer beim Kaufakt
   wichtig – weniger wichtig – unwichtig?

   Vergleichen Sie mit Ihrer Prioritätenliste.

9. Schreiben Sie auf Grund eigener Erfahrungen über:

   – Essen in …
   – Busfahren in …
   – Einkaufen in …
   – Schlafen in …
   – … in …

18.1 Lied: Wochenend' und Sonnenschein

Wochenende, Sonnenschein ...
Was braucht man noch, um glücklich zu sein?

– Sammeln Sie!
– Hören Sie dann das Lied.

WOCHENEND' UND SONNENSCHEIN

Wochenend', Sonnenschein
Brauchst du mehr, um glücklich zu sein?

•

Wochenend' und Sonnenschein
4 Und dann mit dir im Wald allein
Weiter brauch ich nichts zum Glücklichsein
Wochenend' und Sonnenschein.

•

Über uns die Lerche zieht
8 Sie singt genau wie wir ein Lied
Alle Vögel stimmen fröhlich ein
Wochenend' und Sonnenschein.

•

Kein Auto, keine Chaussee
12 Und niemand in unsrer Näh.
Tief im Wald nur ich und du
Der Herrgott drückt ein Auge zu
Denn er schenkt uns ja zum Glücklichsein
16 Wochenend' und Sonnenschein.

•

Nur sechs Tage sind der Arbeit
Doch am siebten Tag sollst du ruhn
Sprach der Herrgott
20 Doch wir haben auch am siebten Tag zu tun.

•

Wochenend' und Sonnenschein
Und dann mit dir im Wald allein
Weiter brauch ich nichts zum Glücklichsein
24 Wochenend' und Sonnenschein.

•

Über uns die Lerche zieht
Sie singt genau wie wir ein Lied
Alle Vögel stimmen fröhlich ein
28 Wochenend' und Sonnenschein.

•

Kein Auto, keine Chaussee
Und niemand in unsrer Näh.
Tief im Wald nur ich und du
32 Der Herrgott drückt ein Auge zu
Denn er schenkt uns ja zum Glücklichsein
Wochenend' und Sonnenschein.

•

Wochenend' und Sonnenschein ...

The Comedian Harmonists

18.2 Textcollage: ZEIT

Z E I T

Zum Schutz der Sonn- und Feiertage

Rasenmähen, Wagenwaschen und Gartenarbeit ist sonntags verboten

Nach dem Gesetz zum Schutz der Sonn- und Feiertage kann bestraft werden, wer an solchen Tagen eine nach außen hin bemerkbare Arbeit verrichtet, und nach § 360 Ziffer 11 des Strafgesetzbuches wird bestraft, wer ungebührlicherweise ruhestörenden Lärm erregt. Das Gesetz zum Schutz der Sonn- und Feiertage ist den Ländern überlassen, die sich allerdings im Hinblick auf die verbotene Sonntagsarbeit ziemlich einig sind.

Das nach dem Grundgesetz garantierte Recht auf die persönliche Freiheit des einzelnen Bundesbürgers kann an diesem Gesetz nichts ändern. So werden also weiterhin Gartenbesitzer und Autobesitzer sich damit abfinden müssen, an Sonn- und Feiertagen nichts zu tun, was ein öffentliches Ärgernis erregen könnte. Man wird also keinen Rasen mähen, keinen Wagen vom Alltagsschmutz reinigen und im Garten kein Land umgraben dürfen. Es spielt dabei keine Rolle, ob die Arbeit Lärm bereitet oder nicht, denn es geht hier allein um die Arbeit.

Dass anstößige Arbeit an Sonn- und Feiertagen Protest auslöst, darin sind sich wohl alle Bundesbürger einig. Wer aber in seinem Garten innerhalb einer geschlossenen Ortschaft leichtere Arbeiten verrichtet, verstößt nicht gegen das Gesetz zum Schutz der Sonn- und Feiertage. Zu diesen leichteren Arbeiten gehört beispielweise das Besprengen der Beete, denn junge Pflanzen brauchen auch an Sonntagen Wasser.

1. Arbeiten Sie die positiven und negativen Aspekte des Gesetzes heraus.

Die mittelalterlichen Menschen erfuhren die Zeit nicht vorwiegend visuell, sondern durch den Klang.

Man unterschied das „Erntegeläut", das „Abendgeläut", das „Geläut der Feuerglocken" und das „Geläut zum Viehaustrieb". Das gesamte Leben der Bevölkerung wurde vom Glockengeläut geregelt und passte sich damit dem Rhythmus der kirchlichen Zeit an. Um eine Vorstellung zu erhalten, wie ungenau die Zeitbestimmung im Mittelalter war, sei ein Vorfall erwähnt, der sich Ende des 12. Jahrhunderts in Mons ereignete. Wie der Chronist berichtet, erschien zu einem gerichtlichen Zweikampf, der zu Tagesanbruch festgesetzt war, nur einer der beiden Beteiligten. Nachdem dieser vergeblich auf seinen Gegner gewartet hatte, verlangte er von den Richtern einen Beschluss, dass er den Rechtsstreit gewonnen habe, da sein Kontrahent nicht zur festgesetzten Zeit erschienen sei. Dazu musste festgestellt werden, ob tatsächlich bereits die neunte Stunde angebrochen war, und die Beamten mussten sich mit dieser Frage an den Geistlichen wenden, der sich besser in den Stunden auskannte.

Da das Lebenstempo und die Hauptbeschäftigungen der Menschen vom Rhythmus der Natur abhingen, konnte ein ständiges Bedürfnis, genau zu wissen, wie spät es ist, nicht entstehen, und die gewohnte Einteilung in Tagesabschnitte war völlig ausreichend. Die Minute als Zeitabschnitt und integrierender Bestandteil der Stunde wurde einfach nicht wahrgenommen. Sogar nach der Erfindung und Verbreitung mechanischer Uhren in Europa hatten diese sehr lange Zeit keinen Minutenzeiger.

Aus: Gurjewitsch, Das Weltbild des mittelalterlichen Menschen

2. Stellen Sie sich vor, alle Uhren würden abgeschafft. Wie würde das Leben dann aussehen?

ZEITEN

Für wann man sich verabreden kann

Kommt doch zum Kaffee vorbei.
Treffen wir uns, wenn die Kinder im Bett sind.
Treffen wir uns am Samstag nach der Sportschau.
Ich habe am Dienstag nächste Woche um neun Uhr fünfzehn noch einen Termin frei.

OLYMPISCHE SPIELE LILLEHAMMER 1994		**RODELN MÄNNER**
Gold:	Georg Hackl (Berchtesgaden)	3:21,571 (50,296/50,560/50,224/50,491)
Silber:	Markus Prock (Österreich)	3:21,584 (50,300/50,566/50,166/50,552)
Bronze:	Armin Zöggeler (Italien)	3:21,833 (50,441/50,601/50,365/50,426)

Ein Sonntag

Der See ist blau, der Wald ist grün,
durch gelbe Felder Rehe ziehn.

Dann sind da Menschen vielgestalt
und buntgekleidet in dem Wald.

Und schaun hinüber zu dem See
und sagen: Läuft dort nicht ein Reh?

Und zeigen auf das gelbe Feld:
Das Braune sind doch Rehe, gelt?

Und wieder andre schaun ins Blau:
Guck, man sieht keine Wolke, schau!

Die Sonne steht am Himmelszelt.
Ein Glück, daß sie nicht runterfällt.

Aus: Robert Gernhardt, Wörtersee

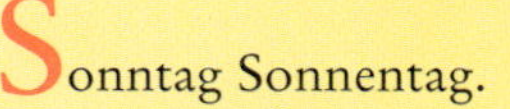

Sonntag Sonnentag.
Sonntag Lufttag.
Sonntag Waldtag.
Sonntag Seetag.
Sonntag Gehtag.
Sonntag Grautag.
Sonntag Gähntag.
Sonntag Bettag.
Sonntag Kitzeltag.
Sonntag Buchtag.
Sonntag Sitztag.
Sonntag Schachtag.
Sonntag Kochtag.
Sonntag Teetag.
Sonntag Kuchentag.
Sonntag Sahnetag.
Sonntag Grübeltag.
Sonntag Denktag.
Sonntag Weintag.
Sonntag Sherrytag.
Sonntag Tag des chinesischen Restaurants.
Sonntag Kinotag.
Sonntag Montag.

Ulrich Stock

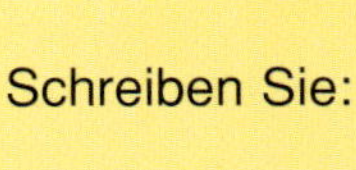

Schreiben Sie:

Mein Sonntag

Das Ei

Das Ehepaar sitzt am Frühstückstisch. Der Ehemann hat sein Ei geöffnet und beginnt nach einer längeren Denkpause das Gespräch.

Er: Berta!
Sie: Ja …
Er: Das Ei ist hart!
4 Sie: *(schweigt)*
Er: Das Ei ist hart!
Sie: Ich habe es gehört …
Er: Wie lange hat das Ei denn gekocht …
8 Sie: Zu viel Eier sind gar nicht gesund …
Er: Ich meine, wie lange dieses Ei gekocht hat …
Sie: Du willst es doch immer viereinhalb Minuten haben …
12 Er: Das weiß ich …
Sie: Was fragst du denn dann?
Er: Weil dieses Ei nicht viereinhalb Minuten gekocht haben *kann!*
16 Sie: Ich koche es aber jeden Morgen viereinhalb Minuten!
Er: Wieso ist es dann mal zu hart und mal zu weich?
Sie: Ich weiß es nicht … ich bin kein Huhn!
20 Er: Ach! … Und woher weißt du, wann das Ei gut ist?
Sie: Ich nehme es nach viereinhalb Minuten heraus, mein Gott!
Er: Nach der Uhr oder wie?
24 Sie: Nach Gefühl … eine Hausfrau hat das im Gefühl …
Er: Im Gefühl? … Was hast du im Gefühl?
Sie: Ich habe es im Gefühl, wann das Ei weich ist …
28 Er: Aber es ist hart … vielleicht stimmt da mit deinem Gefühl was nicht …
Sie: Mit meinem Gefühl stimmt was nicht? Ich stehe den ganzen Tag in der Küche, mache die Wäsche,
32 bringe deine Sachen in Ordnung, mache die Wohnung gemütlich, ärgere mich mit den Kindern rum, und du sagst, mit meinem Gefühl stimmt was nicht?
36 Er: Jaja … jaja … jaja – wenn ein Ei nach Gefühl kocht, dann kocht es eben nur *zufällig* genau viereinhalb Minuten!
Sie: Es kann dir doch ganz egal sein, ob das Ei *zufällig*
40 viereinhalb Minuten kocht … Hauptsache, es *kocht* viereinhalb Minuten!
Er: Ich hätte nur gern ein weiches Ei und nicht ein *zufällig* weiches Ei! Es ist mir egal, wie lange es
44 kocht!
Sie: Aha! Das ist dir egal … es ist dir also egal, ob ich viereinhalb Minuten in der Küche schufte!
Er: Nein-nein …
48 Sie: Aber es ist *nicht* egal… das Ei *muß* nämlich viereinhalb Minuten kochen …
Er: Das habe ich doch gesagt …
Sie: Aber eben hast du doch gesagt, es ist dir egal!
52 Er: Ich hätte nur gern ein weiches Ei …
Sie: Gott, was sind Männer primitiv!
Er: *(düster vor sich hin)* Ich bringe sie um … morgen bringe ich sie um …

Aus: Loriots Dramatische Werke

18.3 Eins nach dem anderen oder alles gleichzeitig

1. **Textaufbau**

– Gliedern Sie den Text erst in Einleitung, Hauptteil und Schluss (siehe AB 14.1.10).
– Markieren Sie anschließend Absätze bei jedem Sinnabschluss.

Es gibt grundsätzlich zwei Arten, wie Menschen mit der Zeit umgehen. Die einen *teilen sie ein*, die anderen *zerteilen* sie. Menschen, die Zeit einteilen, verrichten jeweils nur eine Tätigkeit; Menschen, die Zeit nicht einteilen, sondern im Gegenteil zerteilen, können viele Dinge gleichzeitig tun. Diese beiden Arten, mit der Zeit umzugehen, passen nicht zusammen. Sie widersprechen sich von Grund auf. Menschen im eingeteilten Zeitsystem legen Wert auf Zeitplanung und Pünktlichkeit. Und weil ihre Zeit bis ins letzte Detail geplant und aufgeteilt ist, können sie sich nur auf jeweils eine Tätigkeit konzentrieren. Was wichtig ist und was nicht, ist in ihrem Leben klar geregelt. Es sind „Prioritäten gesetzt". Bestimmte Dinge haben zeitlichen Vorrang vor anderen. Dabei kommt es allerdings vor, dass sie zwischen ihrer Planung und der Realität nicht mehr so recht unterscheiden können und ihre Zeitplanung wie etwas Heiliges, Unantastbares behandeln. In Ländern, in denen diese Einteilung vorherrscht, versteht man die *Zeit als lineares System*. Etwa so wie eine schnurgerade Straße, auf der die Menschen in die Zukunft wandern oder in die Vergangenheit zurückblicken. Die *eingeteilte Zeit* ist greifbar; man kann sie sparen, vergeuden, verlieren, aufholen, beschleunigen. Sie ist ein *Ordnungssystem für die Organisation* des menschlichen Lebens – ein System, das bei der Industrialisierung der westlichen Länder eine entscheidende Rolle gespielt hat. Durch ihre ausschließliche Beschäftigung mit jeweils nur einer Tätigkeit kapseln sich *„monochronistische"* Menschen auch automatisch von ihrer Umwelt ab. So als lebten sie in einem Raum, zu dem andere keinen Zutritt haben. Es sind Menschen, die es nicht mögen, wenn sie bei dem, was sie gerade tun, unterbrochen werden. Das eingeteilte Zeitsystem haben sich die Menschen selbst auferlegt. Noch wichtiger: Es ist ein erlerntes System, weder natürlich noch logisch. Schon gar nicht wurde es dem menschlichen Organismus von der Natur mitgegeben. Im Gegenteil, es läuft vielen körpereigenen Rhythmen zuwider. In der westlichen Welt, insbesondere in den USA und in Deutschland, regiert die Zeiteinteilung mit eiserner Hand. Im amerikanischen Geschäfts- und Gesellschaftsleben ist sie allgegenwärtig. Zu den Menschen, die Zeit einteilen, gehören neben den Amerikanern und Deutschen auch andere nordeuropäische Völker und in mancher Hinsicht die Japaner. *Zeit-Zerteilung* ist in fast jeder Hinsicht das genaue Gegenteil von Zeit-Einteilung. Für Menschen, die Zeit zerteilen, ist es typisch, dass sie sich mit vielen Dingen gleichzeitig beschäftigen. Zwischenmenschliche Beziehungen bedeuten ihnen sehr viel, und der Umgang mit Menschen ist ihnen wichtiger als die Einhaltung irgendwelcher Zeitpläne. Zu den typischen Regionen mit *„polychronistischen"* Menschen gehören Lateinamerika, der Mittelmeerraum und der Nahe Osten. Firmen in Ländern mit zerteilter Zeit haben in ihren Geschäftsgebäuden große Empfangshallen, die immer voll von Besuchern sind. Oft gehen die Firmenangestellten dort von einem zum anderen und wickeln

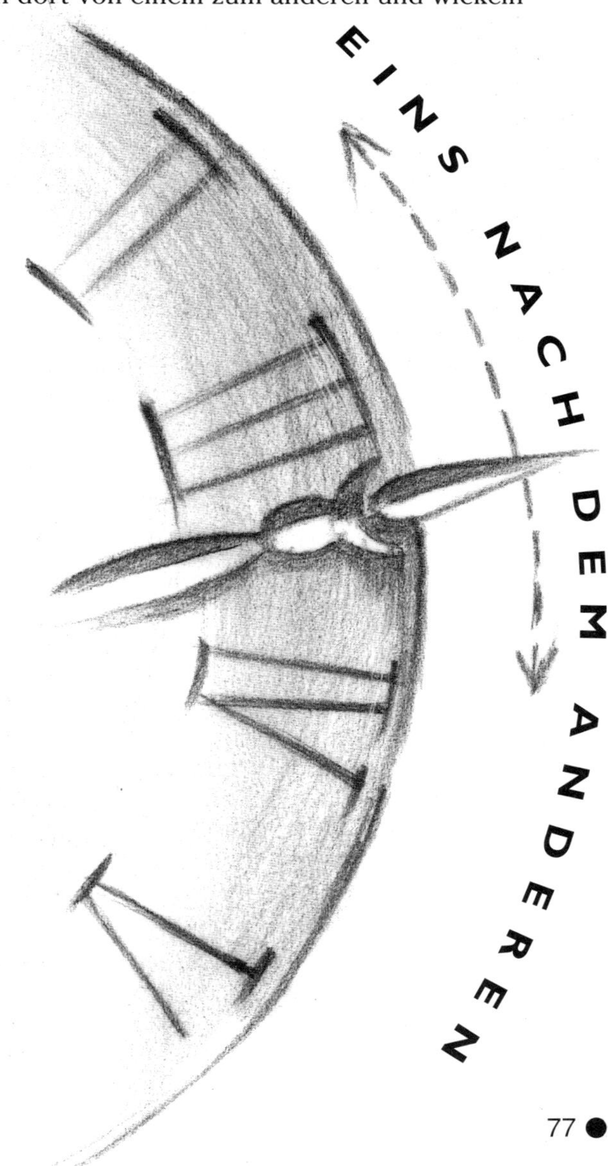

Geschäfte ab. Terminen wird keine allzu große
64 Bedeutung beigemessen. Sie werden häufig bis zur letzten Sekunde immer wieder geändert. In den Geschäften und auf den Märkten drängt sich alles um die Verkäufer. Es wird nicht nach der Reihe be-
68 dient. Man drängelt und schubst. Es geht drunter und drüber und sehr laut zu. Menschen mit wenig Sinn für Zeiteinteilung leben im Kreis einer großen Familie, mit der sie sich eng verbunden fühlen und
72 die Vorrang hat vor allen geschäftlichen und gesellschaftlichen Verpflichtungen. Außerdem haben sie viele gute Freunde, mit denen sie einen Großteil ihrer Zeit verbringen. Auch die Beziehungen zu
76 guten Kunden und Klienten sind ihnen sehr wichtig. Ihnen zu helfen, ist für sie eine tief empfundene Verpflichtung. Ist es da erstaunlich, dass für Terminpläne und Tagesordnungen keine Zeit bleibt? Solche
80 Menschen sind von einer Flut von Informationen umgeben. Über alles und jeden wissen sie das Neueste. Sie sind neugierig und halten sich über jedermanns persönliche und geschäftliche Ange-
84 legenheiten auf dem Laufenden. Pünktlichkeit bedeutet ihnen sehr wenig. Damit aber treffen sie einen empfindlichen Nerv derjenigen, die Zeit einteilen und unruhig werden, wenn man sie warten
88 lässt. Wer Wert auf Pünktlichkeit legt, erwartet, dass eine Verspätung vorher angekündigt wird. Denn Missachtung seines Zeitplanes, zum Beispiel eine festgesetzte Zeit für eine Einladung, empfindet
92 er als Demütigung. Tagesordnungen haben für Menschen ohne Zeitplan keine große Bedeutung. Bei Tagungen erwarten sie ganz einfach, dass die anderen wissen oder spüren, was sie denken und
96 ob sie etwas zu sagen haben. Kein Wunder also, dass sie ständig frustriert sind, wenn sie mit Menschen zusammen konferieren und verhandeln, die eine Tagesordnung haben, an die sie sich halten.
100 Außerdem erwarten die Zeit-Einteiler und -Planer selbstverständlich auch, daß alle Beiträge auf der Tagesordnung vermerkt sind. Jeder Kontakt zwischen Menschen, die verschieden mit der Zeit
104 umgehen, bedeutet nervlichen Stress. Die Verfasser dieses Buches hatten einmal den Auftrag, in New Mexico, im Südwesten der USA, eine Untersuchung durchzuführen. Die Leute, die wir befragen sollten,
108 waren Amerikaner spanischer Herkunft, sogenannte Hispanics, Nachfahren der spanischen Siedler, die Anfang des 16. Jahrhunderts nach New Mexico gekommen waren. Inzwischen hatten ihre Familien
112 über vierhundert Jahre im Südwesten der USA gelebt. Aber selbst nach sechs oder sieben Generationen ununterbrochenen Kontakts mit ihren angelsächsischen Mitbürgern, die in den USA die Kern-
116 kultur bilden, halten diese Menschen an ihrem überkommenen Umgang mit der Zeit fest. Drei Jahre lang führten wir unsere Befragungen durch.

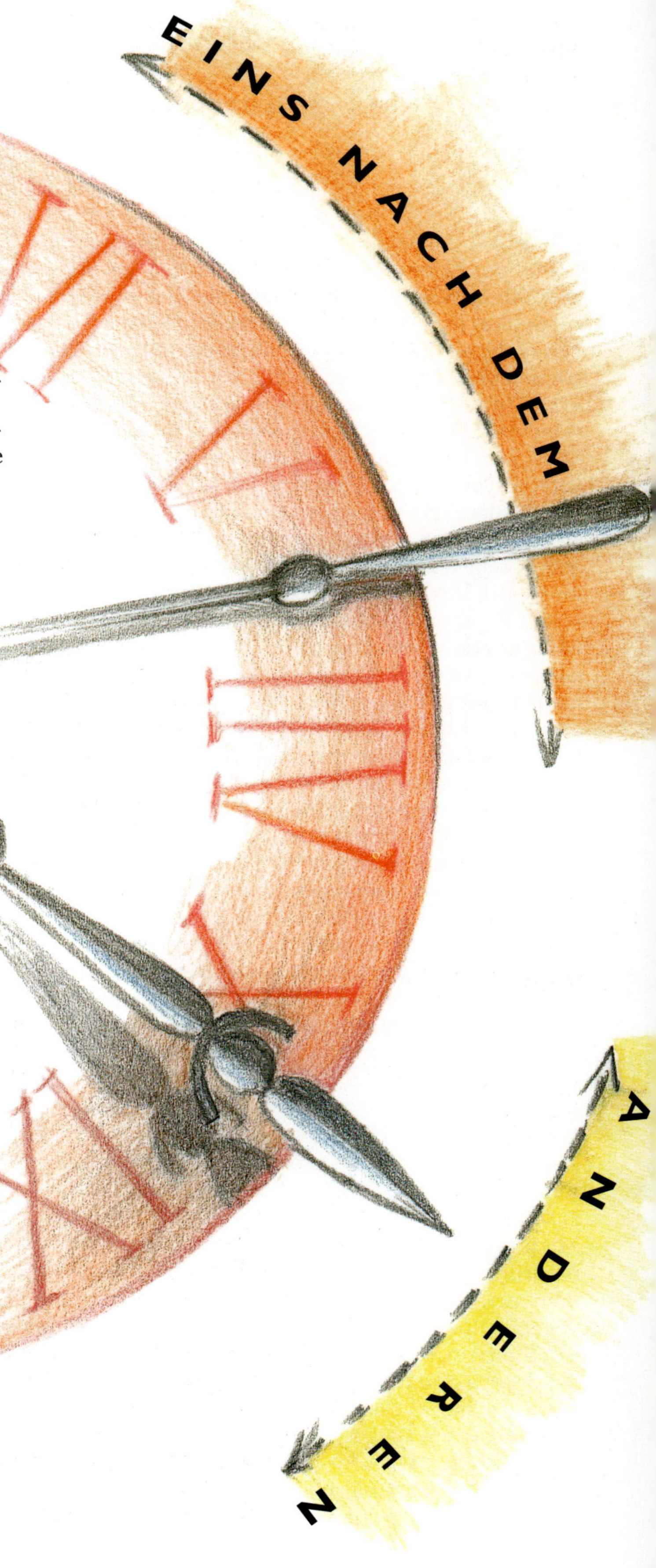

In der gesamten Zeit gelang es uns kein einziges Mal, unser Ziel von wöchentlich fünf Interviews pro Mitarbeiter zu erreichen. Wir konnten von Glück sagen, wenn wir auf zwei oder drei kamen. Als Amerikaner angelsächsischer Herkunft mit der uns eigenen Zeit-Einteilung bereitete uns dieses Problem allerhand Kummer. Gesprächstermine wurden einfach vergessen oder in letzter Sekunde umgestoßen. Bei den Befragungen kam es immer wieder zu Unterbrechungen, entweder wegen dringlicher Familienangelegenheiten oder weil Verwandte und Freunde zu Besuch kamen. Diese Leute waren mit mindestens einem halben Dutzend Dingen gleichzeitig beschäftigt, oft auch noch während sie nebenbei die Fragen des Interviewers beantworteten. Es fällt sehr schwer, nicht emotional zu reagieren, wenn andere gegen das eigene Zeitverständnis verstoßen. Auch wenn rein verstandesmäßig die Unterschiede zwischen einteilendem und zerteilendem Zeitverständnis bekannt sind, ändert das letztlich nichts an der Frustration. *„Monochrones"* und *„polychrones"* Verhalten passen nicht zusammen. Die wichtigste Erkenntnis aus diesen Erfahrungen ist: *Auf ein fremdes Zeitsystem darf man nie so reagieren wie auf das eigene.* Denn manche Dinge, wie sich zu verspäten oder einen Termin zu verpassen, haben dort einen anderen, mitunter einen völlig anderen Stellenwert.

Aus: Edward Hall, Verborgene Signale

2. Erstellen Sie ein Raster.

Menschen, die Zeit einteilen („Monochrones" Verhalten)	Menschen, die Zeit zerteilen („Polychrones" Verhalten)
– tun immer eins nach dem anderen ...	– tun viele Dinge gleichzeitig ...

3. – Wer ist in Ihrem Bekanntenkreis in welchen Situationen polychron, und wer ist monochron? Und Sie persönlich? (Sowohl in den verschiedenen Kulturen als auch individuell gibt es natürlich häufig Mischformen.)
   – Welche Personen („monochronistische" oder „polychronistische") bezeichnen Sie als Freund/Freundin?

18.4 Die Zeit in der Natur, die Zeit in uns

1. Lesen Sie die folgenden Stichpunkte und Fragen. Sprechen Sie darüber.
   - Jahresperiodik beim Menschen
   - Tagesperiodik beim Menschen
   - Das Paradox des Zeitgeschehens
   - Jahresperiodik bei Tieren
   - Synchronisation der inneren Uhr für Tages- und Jahresablauf durch Licht und Temperatur
   - Wie lange dauert die Gegenwart?
   - Wodurch kann unsere innere Uhr gestört werden?
   - Zwei Zeitbegriffe: die Zeit in der Natur, die Zeit in uns

2. Hören Sie den Text, und bringen Sie die Fragen und Stichpunkte in die richtige Reihenfolge.

3. Hören Sie den Text noch einmal – eventuell in Abschnitten –, und machen Sie zu jedem Punkt Notizen.

4. Wie beeinflussen Tages- und Jahreszeiten Ihr eigenes Empfinden und Erleben?

19.1 Von glücklichen Hühnern

Was sagt das Huhn? – Wie geht es weiter?

19.2 Der Lesende

1. **Vor dem Text:**

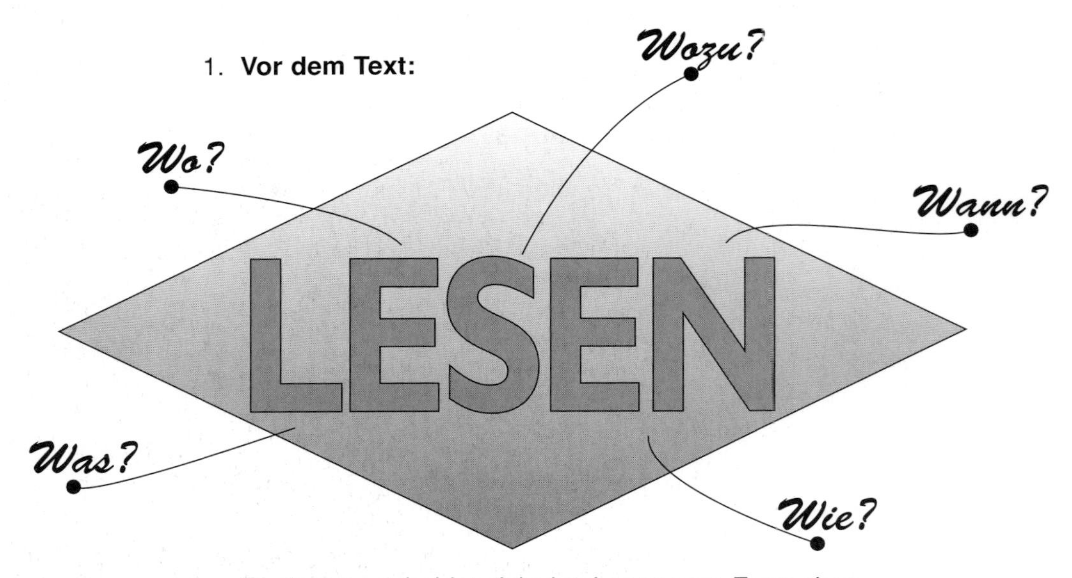

a. Worin unterscheidet sich das Lesen vom Fernsehen, Radio Hören …?
b. Was haben eigentlich totalitäre Systeme gegen das Lesen bestimmter Texte (Bücherverbrennungen, Verfolgung von Autoren …)?
   Nennen Sie Beispiele aus Geschichte und Gegenwart.

[Als Gregor die Kirche betrat...]
...wurde er sich der Anwesenheit der Figur bewußt. Sie saß klein auf einem niedrigen Sockel aus Metall, zu Füßen des
4 Pfeilers schräg gegenüber. Sie war aus Holz geschnitzt, das nicht hell und nicht dunkel war, sondern einfach braun. Gregor näherte sich ihr. Die Figur stellte einen jungen Mann dar, der in einem Buch las, das auf seinen Knien
8 lag. Der junge Mann trug ein langes Gewand, ein Mönchsgewand, nein, ein Gewand, das noch einfacher war als das eines Mönchs: einen langen Kittel. Unter dem Kittel kamen seine nackten Füße hervor. Seine beiden Arme hingen
12 herab. Auch seine Haare hingen herab, glatt, zu beiden Seiten der Stirn, die Ohren und die Schläfen verdeckend. Seine Augenbrauen mündeten wie Blätter in den Stamm der geraden Nase, die einen tiefen Schatten auf seine rechte
16 Gesichtshälfte warf. Sein Mund war nicht zu klein und nicht zu groß; er war genau richtig, und ohne Anstrengung geschlossen. Auch die Augen schienen auf den ersten Blick geschlossen, aber sie waren es nicht, der junge Mann schlief
20 nicht, er hatte nur die Angewohnheit, die Augendeckel fast zu schließen, während er las. Die Spalten, die seine sehr großen Augendeckel gerade noch frei ließen, waren geschwungen, zwei großzügige und ernste Kurven, in den
24 Augenwinkeln so unmerklich gekrümmt, daß auch Witz in ihnen nistete. Sein Gesicht war ein fast reines Oval, in ein Kinn ausmündend, das fein, aber nicht schwach, sondern gelassen den Mund trug. Sein Körper unter dem Kittel
28 mußte mager sein, mager und zart; er durfte offenbar den jungen Mann beim Lesen nicht stören.

2. **Zum Text:**

- Lesen Sie den Text bis Zeile 29.

- Zeichnen Sie die Figur, die Gregor wahrnimmt, mit allen Details.

Das sind ja wir, dachte Gregor. Er beugte sich herab zu dem jungen Mann, der, kaum einen halben Meter groß, auf
32 seinem niedrigen Sockel saß, und sah ihm ins Gesicht. Genauso sind wir in der Lenin-Akademie gesessen, und genauso haben wir gelesen, gelesen, gelesen. Vielleicht haben wir die Arme dabei aufgestützt, vielleicht haben
36 wir Papirossi dabei geraucht – obwohl es nicht erwünscht war –, vielleicht haben wir manchmal aufgeblickt –, aber wir haben den Glockenturm Iwan Weliki vor dem Fenster nicht gesehen, ich schwöre es, dachte Gregor, so versunken
40 waren wir. So versunken wie er. Er ist wir. Wie alt ist er? So alt, wie wir waren, als wir genauso lasen. Achtzehn, höchstens achtzehn. Gregor bückte sich tiefer, um dem jungen Mann gänzlich ins Gesicht sehen zu können. Er trägt unser
44 Gesicht, dachte er, das Gesicht unserer Jugend, das Gesicht der Jugend, die ausgewählt ist, die Texte zu lesen, auf die es ankommt. [...]

– Lesen Sie weiter bis Zeile 46.

– Erklären Sie den Satz „Das sind ja wir" (Zeile 30).

•

Aber dann bemerkte er auf einmal, daß der junge Mann
48 ganz anders war. Er war gar nicht versunken. Er war nicht einmal an die Lektüre hingegeben. Was tat er eigentlich? Er las ganz einfach. Er las aufmerksam. Er las genau. Er las sogar in höchster Konzentration. Aber er las kritisch. Er sah
52 aus, als wisse er in jedem Moment, was er da lese. Seine Arme hingen herab, aber sie schienen bereit, jeden Augenblick einen Finger auf den Text zu führen, der zeigen würde: das ist nicht wahr. Das glaube ich nicht. Er ist an-
56 ders, dachte Gregor, er ist ganz anders. Er ist leichter, als wir waren, vogelgleicher. Er sieht aus wie einer, der jederzeit das Buch zuklappen kann und aufstehen, um etwas ganz anderes zu tun.

– Lesen Sie weiter bis Zeile 59.

– (Zeile 56/57:) „Er ist ganz anders". Was unterscheidet den Lesenden von allen Gregors?

•

60 Liest er denn nicht einen seiner heiligen Texte, dachte Gregor. Ist er denn nicht wie ein junger Mönch? Kann man das: ein junger Mönch sein und sich nicht von den Texten überwältigen lassen? Die Kutte nehmen und trotzdem frei
64 bleiben? Nach den Regeln leben, ohne den Geist zu binden?

Gregor richtete sich auf. Er war verwirrt. Er beobachtete den jungen Mann, der weiterlas, als sei nichts geschehen. Es
68 war aber etwas geschehen, dachte Gregor. Ich habe einen gesehen, der ohne Auftrag lebt. Einen, der lesen kann und dennoch aufstehen und fortgehen. Er blickte mit einer Art von Neid auf die Figur.

– Lesen Sie den Text zu Ende.

– Erklären Sie aus dem Text heraus Gregors Gefühle: Verwirrung und Neid.

Aus: Alfred Andersch, Sansibar oder der letzte Grund

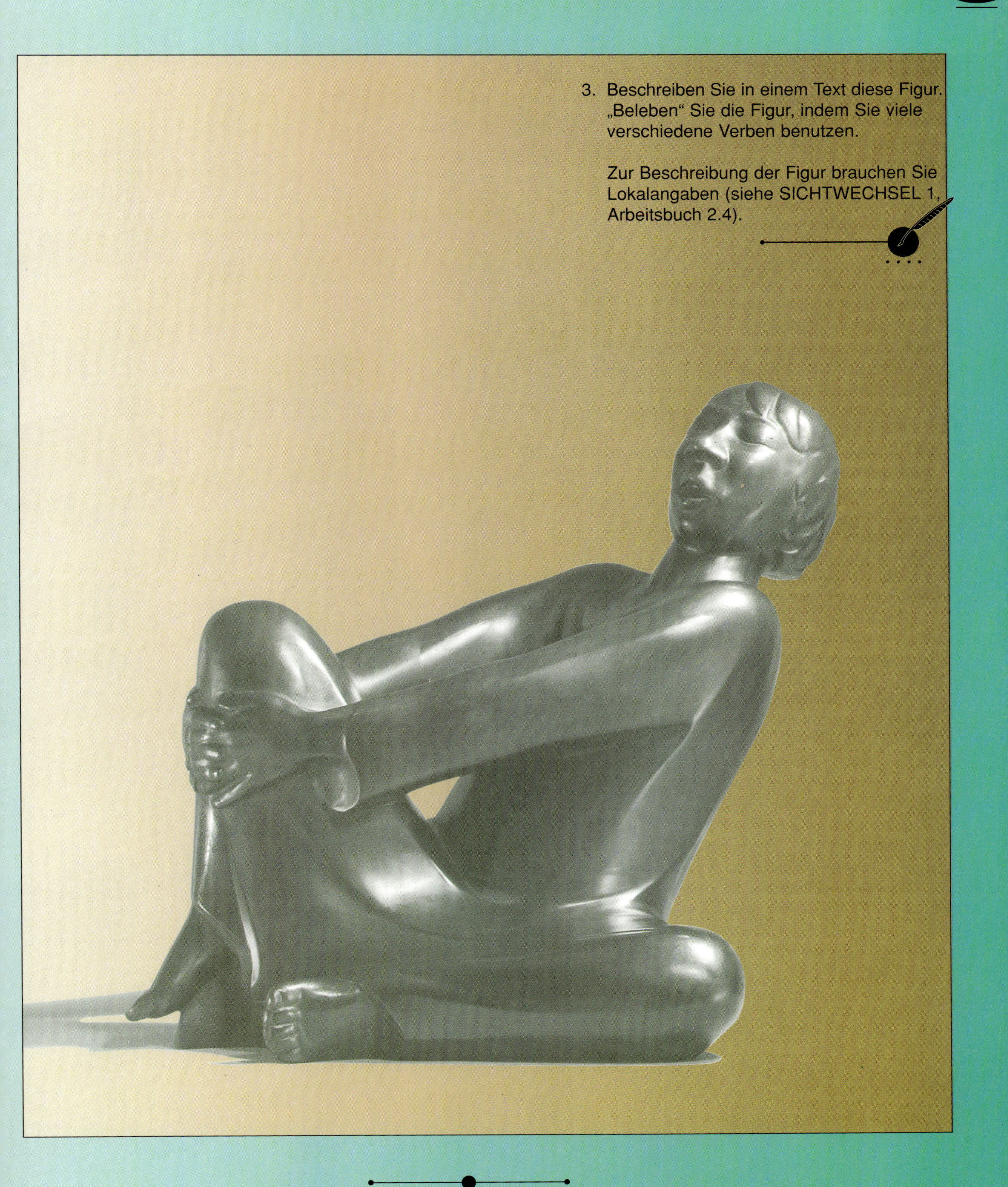

3. Beschreiben Sie in einem Text diese Figur. „Beleben" Sie die Figur, indem Sie viele verschiedene Verben benutzen.

   Zur Beschreibung der Figur brauchen Sie Lokalangaben (siehe SICHTWECHSEL 1, Arbeitsbuch 2.4).

Ernst Barlach, Der singende Mann, Bronze 1930

19.3 Lied: Sage Nein!

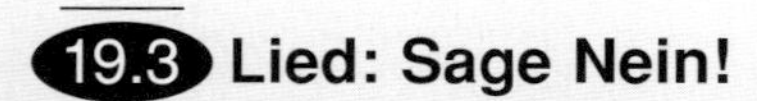

Wenn sie jetzt, ganz unverhohlen,
wieder Nazi-Lieder johlen,
über Juden Witze machen,
4 über Menschenrechte lachen,
wenn sie dann in lauten Tönen
saufend ihrer Dummheit frönen,
denn am Deutschen hinterm Tresen
8 muss nun mal die Welt genesen,
dann steh auf und misch dich ein:
Sage nein!

Meistens rückt dann ein Herr Wichtig
12 die Geschichte wieder richtig,
faselt von der Auschwitzlüge
– leider kennt man's zur Genüge –
mach dich stark und bring dich ein,
16 zeig es diesem dummen Schwein:
Sage nein!

Ob als Penner oder Sänger,
Bänker oder Müßiggänger,
20 ob als Priester oder Lehrer,
Hausfrau oder Straßenkehrer,
ob du sechs bist oder hundert –
sei nicht nur erschreckt, verwundert,
24 tobe, zürne, bring dich ein:
Sage nein!

28 Und wenn aufgeblasne Herren
dir galant den Weg versperren,
ihre Blicke unter Lallen
nur in deinen Ausschnitt fallen,
wenn sie prahlen von der Alten,
die sie sich zu Hause halten,
32 denn das Weib ist nur was wert
wie dereinst – an Heim und Herd,
tritt nicht ein in den Verein:
Sage nein!

36 Und wenn sie in deiner Schule
plötzlich lästern über Schwule,
schwarze Kinder spüren lassen
wie sie andre Rassen hassen,
40 Lehrer, anstatt auszusterben,
Deutschland wieder braun verfärben,
hab dann keine Angst zu schrein:
Sage nein!

44 Ob als Penner oder Sänger,
Bänker oder Müßiggänger,
ob als Schüler oder Lehrer,
Hausfrau oder Straßenkehrer,
48 ob du sechs bist oder hundert –
sei nicht nur erschreckt, verwundert,
tobe, zürne bring dich ein:
Sage nein!

Konstantin Wecker

SAGE
SAGE

Übung: Zivilcourage

Wenn ..., dann ...

Beschreiben Sie konkrete Fälle.

121
RICOH

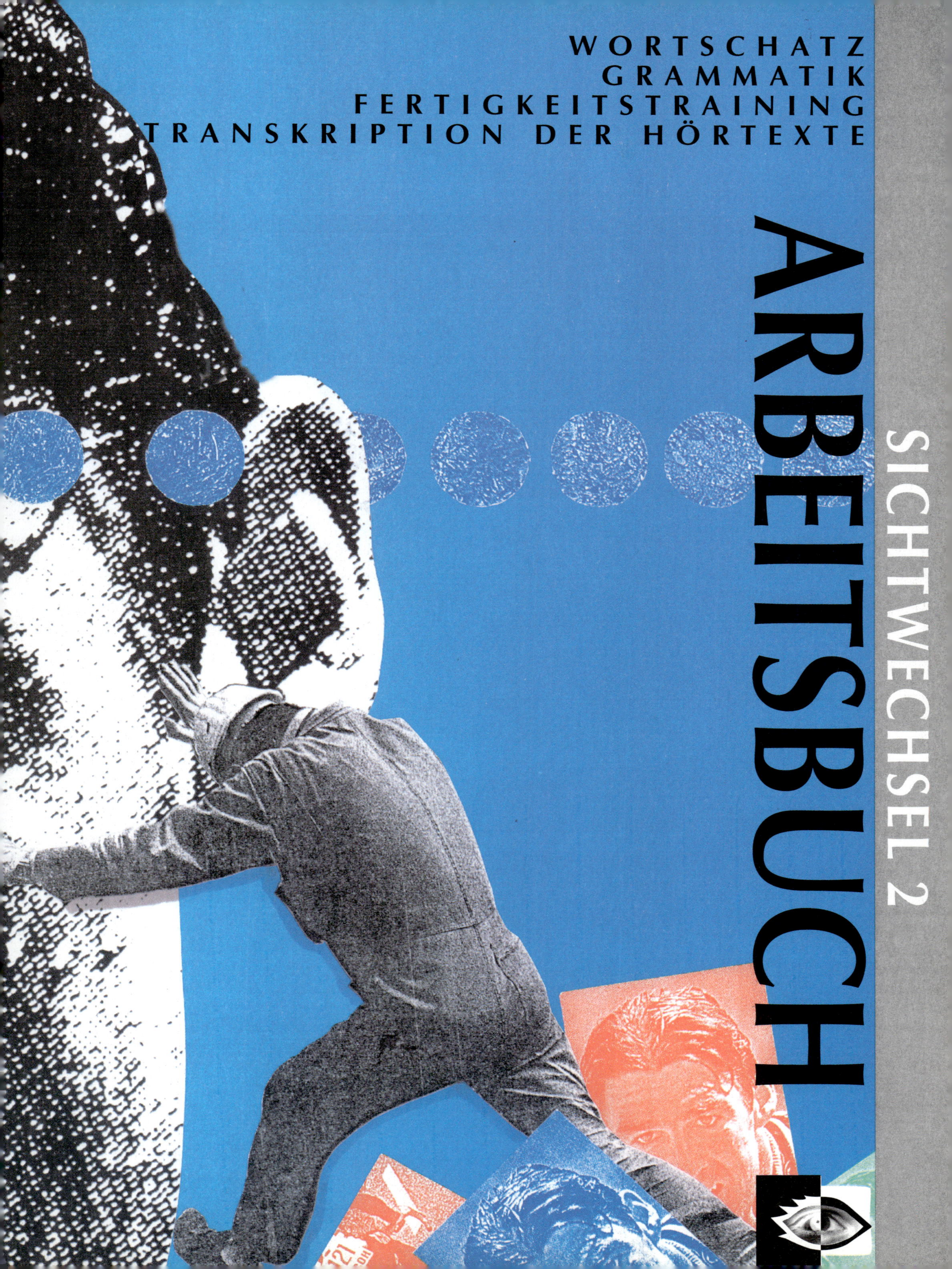
WORTSCHATZ
GRAMMATIK
FERTIGKEITSTRAINING
TRANSKRIPTION DER HÖRTEXTE
ARBEITSBUCH
SICHTWECHSEL 2

ZU (10.2) Wie war das eigentlich?

LERNBERATUNG: Fehlerkorrektur

Lassen Sie sich von Ihrem Lehrer/Ihrer Lehrerin die Fehler nur anstreichen, aber nicht korrigieren. Klassifizieren Sie die Fehler nach folgenden Gesichtspunkten:
- Syntaxfehler (Wortstellung im Satz)
- Morphologie (Konjugation, Artikel, Deklination u. ä.)
- Lexik (falscher Wortgebrauch)

Stellen Sie fest, in welchem Bereich Sie die meisten Fehler haben. Korrigieren Sie in einem ersten Durchgang nur diese Fehler. Falls es sich um Syntax oder Morphologie handelt, suchen Sie die entsprechenden Grammatikteile im Arbeitsbuch (s. Inhaltsverzeichnis oder Schlagwortregister S. 161) und in verschiedenen Grammatiken. Stellen Sie fest, ob und wo Sie für sich brauchbare Erklärungen finden. Besprechen Sie anschließend in der Gruppe, was Sie aus Ihren Fehlern gelernt haben.

ZU (10.3) Zeitungsanzeigen und Suchfragen

Stellen Sie sich vor, Sie sind in Deutschland und lesen in der Zeitung die folgenden Anzeigen. Sie kennen die Personen. Sie möchten nichts falsch machen. Stellen Sie Suchfragen.

Hallo, da bin ich!

Ich heiße *Julia*,
bin 49 cm groß,
ganze 2920 g schwer,
und erblickte das Licht der Welt am 9. 10. 1993 um 7Uhr22.
Es freuen sich ganz besonders meine stolzen Eltern

Ulla und Peter Mansberg

Tante Helge, Onkel Uwe
und Cousin Toni.

B

Lieber Jan!

Zu Deiner ersten heiligen Kommunion gratulieren Dir recht herzlich

Mama, Papa und Ulrike

C

Hallo Claudia

Das Auto und der
Führerschein sind zwar
noch nicht da,
trotzdem wird das Biest
heut' 18 Jahr'.

Alles Liebe und Gute
zum Geburtstag
wünscht Dir

***Dein Klaus
und Familie***

D

hochzeit oder heiratet

*Zweitehen,
Triumph
der Liebe
über die
Erfahrung*

Wir haben geheiratet
am 21. 10. 1994

*Felix Bergmann
und
Marta Bergmann,*
geb. Müller

E

50 Jahre

Zu Eurer „goldenen Hochzeit"
hört uns mal einen Augenblick zu:

Liebes Goldhochzeits-Paar!

Bleibt auch weiterhin stets **1**:
Ent-**2**-t-Euch auch weiterhin nicht!
Bleibt Euch auch weiterhin **3**
und **4** t Euch auch weiterhin gut!
Lasst auch weiterhin **5** gerade sein!
Spart auch weiterhin die **6** er fleißig ein!
Nehmt auch weiterhin Eure **7** Sachen in **8**!
Sagt nicht immer **9**
und zeigt Euch auch weiterhin nie die **10** e!
Das wünschen Euch auch weiterhin,

„Die fünf Hamener Schneemänner"

F

Statt Karten

Ruhe sanft und schlafe in Frieden,
hab' vielen Dank für deine Müh',
wenn du auch bist von uns geschieden,
in unserem Herzen stirbst du nie.

In Liebe und Dankbarkeit nehmen wir Abschied von unserem
guten Bruder, Schwager, Onkel und Vetter

Karl Wegemann

* 11. 8. 1937 † 5. 10. 1994

In stiller Trauer:
**Die Geschwister
und Anverwandte**

Hannover, Mühlenstraße 144

Trauerhaus: H. Wegemann, Am Ufer 19, Hannover

Das Seelenamt ist am Donnerstag, dem 14. Oktober 1994, um 8.30 Uhr in der
Pfarrkirche St. Peter und Paul an der Kirchstraße.

Die Beerdigung (funeral) findet anschließend um 9.15 Uhr, von der Auferstehungskapelle des
Friedhofes an der Waldstraße aus, statt.

ZU 10.4 Begründen, Voraussetzen, Abwägen

1. Haben Sie sich entschieden, bei welcher Situation es sich um Arbeit handelt, bei welcher nicht? Dann begründen Sie Ihre Entscheidungen.

Beispiel 1:
Ein Priester trinkt nach einer Taufe mit der Familie Kaffee.
Das ist Arbeit, denn ein Priester muss auch privat Kontakt mit den Leuten haben.

2. Begründen, Voraussetzen, Abwägen: Kausalangaben

Konnektor	Beispielsätze	Wortklasse
denn	Das ist Arbeit, denn ein Priester muss auch privat Kontakt mit den Leuten haben.	*Konjunktion*
	Das ist Arbeit, weil Seelsorge ohne sozialen Kontakt nicht möglich ist.	
	Das ist Arbeit, die Familie erwartet nämlich, dass er daran teilnimmt. Oder: Das ist Arbeit, die Familie erwartet es nämlich von ihm.	
	Er ist nicht dazu verpflichtet. Darum/Deshalb/Deswegen ist es keine Arbeit.	
	Das ist Arbeit. Ohne sozialen Kontakt kann er ja seine Aufgaben gar nicht erfüllen.	
	Kaffee trinken ist doch keine Arbeit!	
	Da ein Priester kein Kaffeetester ist, kann man in diesem Fall das Kaffee trinken auch nicht als Arbeit bezeichnen.	
	Ich halte die Teilnahme an einer Familienfeier nicht für Arbeit, zumal der Priester auch nicht dazu verpflichtet ist.	
	Wenn er es in seiner Freizeit tut, dann ist es keine Arbeit.	
	Solange der Priester keinen Alkohol trinkt, ist es Arbeit. (Dienst ist Dienst und Schnaps ist Schnaps.)	
	Insofern (als) er nicht dazu verpflichtet ist, ist es keine Arbeit.	
	Aber es ist insofern Arbeit, als der persönliche Kontakt für die Seelsorge sehr wichtig ist.	

a. Tragen Sie in die linke Spalte das Bindewort (den Konnektor) ein und in die rechte Spalte die Wortklasse (Konjunktion, Subjunktion, Adverb, Partikel?)

b. Wiederholen Sie die Regeln für die Verbstellung bei den verschiedenen Wortklassen, indem Sie die Beispielsätze analysieren.

3. Schreiben Sie gern Briefe? Warum (nicht)?

Jemand hat in einem Leserbrief geschrieben:

Ich finde es eigentlich schade, dass man heutzutage so wenig Briefe schreibt. Ich schreibe nämlich gern Briefe, weil – ich kann mir dann in Ruhe überlegen, was ich dem anderen sagen möchte. Außerdem bekommt doch jeder gern Briefe.

Viele Leute schreiben allerdings gar keine Briefe mehr. Wozu denn?, sagen sie. Es gibt doch das Telefon. Briefe schreiben dauert doch viel zu lange.

Heute klagt ja jeder, dass er keine Zeit hat. In der Großstadt trifft man sich ja auch nicht zufällig, man muss sich ja extra verabreden, um mal miteinander zu reden. Und bis man dann mal einen Termin findet, der beiden passt ...

Telefonieren ist allerdings auch nicht immer ideal, zumal man ja gar nicht weiß, was der Gesprächspartner gerade macht und ob er gerade in Stimmung ist für ein Gespräch. Einen Brief kann er lesen, wenn er Zeit und Lust dazu hat. Außerdem finde ich es schwierig, ein interessantes, persönliches Gespräch am Telefon zu führen, denn ich sehe den anderen ja nicht, seine Mimik, seine Reaktionen. Aus all diesen Gründen telefoniere ich gar nicht gern.

a. Unterstreichen Sie alle Redemittel, die hier dazu dienen zu „begründen", „abzuwägen" usw.

b. Diskutieren und schreiben Sie. (Wählen Sie aus.)

- Warum ich lieber im Hotel als im Wohnwagen Urlaub mache (oder umgekehrt).
- Warum ich lieber studiere, statt zu arbeiten (oder umgekehrt).
- Warum ich lieber in einer Wohngemeinschaft als allein lebe (oder umgekehrt).
- Warum ich lieber kein oder nur ein Kind oder mindestens zwei oder mehrere Kinder haben möchte.
- Warum ich lieber allein bleibe, ausgehe bzw. eine(n) Freund(in) anrufe, wenn ich traurig bin.
- Warum ich (k)ein Motorrad kaufen würde.
- Verschiedene Gründe, um (nicht) Deutsch zu lernen.

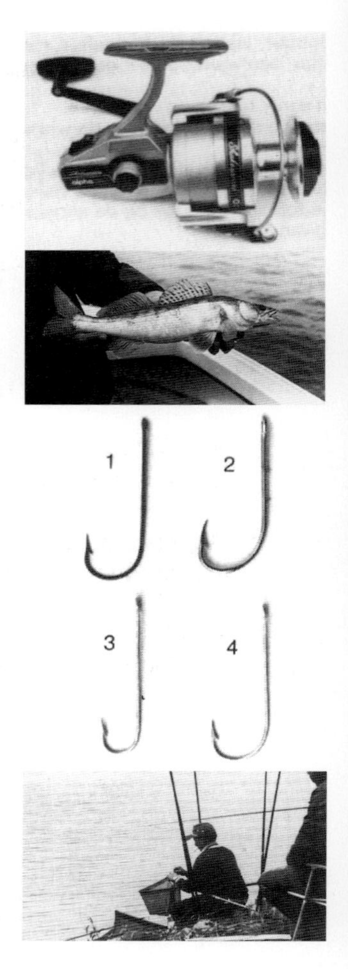

ZU 10.5 Anekdote zur Senkung der Arbeitsmoral

1. **Körpersprache**

   „Der Fischer geht von der Zeichensprache zum gesprochenen Wort über."

   Suchen Sie im Text alle Beispiele für Zeichen- und Körpersprache beim Fischer und beim Touristen, und tragen Sie sie in eine Tabelle ein.

der Fischer	der Tourist
schüttelt den Kopf	*hat einen unglücklichen Gesichtsausdruck*

   Was drücken diese körperlichen Signale aus?

2. Schreiben Sie eine Zusammenfassung der Begegnung aus der Sicht des Touristen oder aus der Sicht des Fischers.

   Oder:
   Schreiben Sie eine sehr kurze Zusammenfassung in der 3. Person, ohne direkte oder indirekte Rede zu benutzen.

3. **Stimmungsbilder**

   Partizip Präsens:

   Strahlende Sonne
   Glitzerndes Wasser
   Schaukelnde Boote
   Säuselnder Wind
   Ein dösender Fischer
   …
   Ein nervtötender Tourist

   Schaffen Sie ähnliche Stimmungsbilder:

   – *Morgens in der Stadt*
   – *Sonntag im Park*
   – *Sommer in der Großstadt*
   – *Auf dem Land*
   – *Nach dem Regen*
   – …

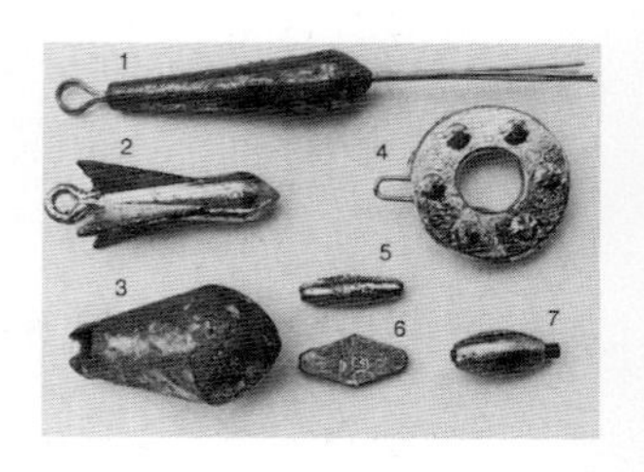

4. Was ist der Unterschied zwischen …

   a) einem beißenden Kind und einem gebissenen Kind?
   b) einer gereizten Freundin und einer reizenden Freundin?
   c) einer aufgeregten Frau und einer aufregenden Frau?
   d) einem anstrengenden Mann und einem angestrengten Mann?
   e) einem fressenden Schwein und einem gefressenen Schwein?
   f) einem beruhigten Großvater und einem beruhigenden Großvater?
   g) einem entscheidenden Spiel und einem entschiedenen Spiel?
   h) hackenden Hühnern und gehackten Hühnern?
   i) einem Liebenden und einem Geliebten?
   j) einem fallenden Mädchen und einem gefallenen Mädchen?

ZU 10.6 Reden über das Reden

1. **Redemittel, um sich über Bedeutungen zu verständigen:**

Antworten und ergänzen Sie bitte:

a) ● Was heißt Freiheit für Sie?
 ○ Unter Freiheit verstehe ich, dass …

b) ● Was ist Glück?
 ○ Für mich heißt Glück, … zu …

c) ● Was verstehen Sie unter einem guten Essen?
 ○ Mit einem guten Essen meine ich …

d) ● Was bedeutet Zivilisation?
 ○ Ich nenne es Zivilisation, wenn …

e) ● Was bedeutet Mode für Sie?
 ○ Mode ist für mich …

f) … Treue …

g) … Freundschaft …

h) …

So können Sie anfangen, wenn Sie nachfragen wollen:

- Moment mal …
- Ich glaube, ich habe Sie nicht richtig verstanden.
- Wenn ich Sie richtig verstanden habe, meinen Sie …
- Also, du denkst …
- Ich weiß nicht, für mich …
 …

2. **Was wird implizit gesagt?**

Sie gehen durch einen Zug, Großraumwagen, und hören Gesprächsfetzen.
Interpretieren Sie die folgenden Äußerungen
- indem Sie beschreiben, was die Personen meinen
 und
- was sie möglicherweise damit über sich, ihre Lebenseinstellung, ihren Status oder „ihre Geschichte" ausdrücken.

a) „Ich fahre dieses Jahr wieder nicht weg."
b) „Meine Kinder dürfen nicht fernsehen."
c) „Ich bin froh, wenn es bei uns bis zum Monatsende langt."
d) „Eine schöne Laubfärbung haben wir dieses Jahr, – solange es überhaupt noch Bäume gibt, kann man sich freuen."

ZU 11.4 Assoziationen zum Begriff WALD

① Natur, Wege, Wasser, Berge, Bäume, grün, braun, ocker, gelb, Moos

② wandern Langlauf trimmen

③ Naturschutz, Tod, Pflanzen, verdorrt, CO_2 saurer Regen, Waldsterben

WALD (Deutschland)

④ Wild, Pilze, Bäume, Holz, Beeren

⑤ Märchen, kalt, dunkel, Mythos, Legende, lebendig, Angst, Rotkäppchen, Räuber, gruseln

⑥ Idylle, Ruhe, Freizeit, spazieren gehen, Geruch, Stille, Sonnenstrahlen

1. Suchen Sie Oberbegriffe zu den assoziierten Mengen.

2. **Projekt: Bedeutungsrecherche**

   Suchen Sie sich Informationen und Texte zu den mit WALD zusammenhängenden Begriffen. Gehen Sie systematisch vor, indem Sie die Suchfragentechnik von 10.1 benutzen.

3. **Psychospiel**

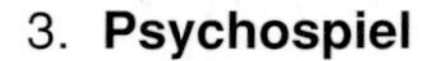

   Bilden Sie Zweiergruppen, und fragen Sie sich gegenseitig.
   Schreiben Sie die Antworten stichwortartig auf:
   a) Stellen Sie sich vor, Sie sind in einem Wald.
      Wie sieht der Wald aus? Was machen Sie?
   b) Jetzt kommen Sie an ein Wasser.
      Was ist es? Was machen Sie?
   c) Nun finden Sie ein Gefäß.
      Beschreiben Sie bitte das Gefäß. Was machen Sie mit diesem Gefäß?
   d) Nun finden Sie einen Schlüssel.
      Wie sieht er aus, und was machen Sie damit?
   e) Sie kommen jetzt an ein Gebäude.
      Wie sieht es aus, und was machen Sie?
   f) Nun treffen Sie auf ein Hindernis.
      Beschreiben Sie es. Versuchen Sie, es zu überwinden?
   g) Was kommt nach dem Hindernis?

Lösungsschlüssel zu 3:
„Wald“ bedeutet das jetzige Leben.
„Wasser“ bedeutet Sexualität.
„Gefäß“ bedeutet Liebe.
„Schlüssel“ bedeutet Freundschaft.
Das „Gebäude“ ist das „Ich“.
Das „Hindernis“ sind die Probleme des Lebens und wie Sie sie lösen.
Nach dem Hindernis kommt die Zukunft.
Wichtig bei diesem Spiel ist: NICHT ALLES ERNST NEHMEN!

ZU  11.5 Was sind Haflinger?

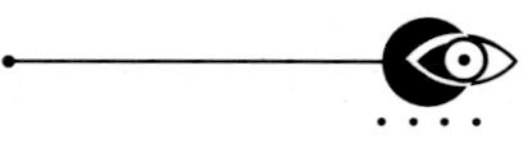

1. Was für Assoziationen weckt das Bild auf S. 24 in Ihnen?
   Lesen Sie dazu die Überschrift des Textes.
   Was denken Sie: Worum geht es in diesem Text?

2. Hätten Sie Lust, da mitzumachen?
   Was würden Sie gern über so ein Unternehmen wissen?
   Sammeln Sie Fragen.

3. – Lesen Sie den Informationskasten im Text auf der nächsten Seite.
     Vielleicht finden Sie dort schon einige Antworten.
   – Stellen Sie jetzt systematisch weitere Fragen. (W-Fragen-Schema: Wer? Was? Wie? Weshalb? Wann? Wo? ...)
   – Suchen Sie in dem Text Antworten auf möglichst viele Ihrer Fragen, und stellen Sie fest, ob und wo im Text beschrieben wird, was Ihnen das Bild suggeriert hat.

4. Erschließen Sie die Bedeutung der folgenden Wörter aus dem Text.
   Schreiben Sie neben die Wörter die Bedeutung und wie Sie dazu gekommen sind.

Z. 5	Hufe
Z. 11	Haflinger
Z. 30	Säumer
Z. 36	Möll
Z. 55	schnaufen
Z. 68	im Gänsemarsch
Z. 80	Brotzeit
Z. 87	brodeln
Z. 92	Hütte
Z. 104	Pickel
Z. 118	kuscheln

Beispiel:
Haflinger *Pferd/Pferderasse*

Belege:
1. *Bildunterschrift: „Trittsicher und gemächlich gehen die Haflinger durch den verschneiten Winterwald."*

2. *Im Text: Zeile 11: „ ... der Haflinger ungeduldig ist ... im Gegensatz zu <u>seiner Reiterin</u> weiß er ..."*

Reiter und Pferde kommen gemeinsam außer Atem

Mit Haflingern auf den Spuren der Säumer in Kärnten
Im Gänsemarsch zu schneebedeckten Gipfeln

Die Sonne steht schon hoch am Himmel, als endlich auch auf Zwergs Rücken das Bündel aus Daunenschlafsack und Wolldecke festgeschnallt ist. Ungeduldig scharren seine Hufe auf dem vereisten Boden, weiße Wölkchen entsteigen der samtigen Pferdenase und schweben in die glasklare Luft. Endlich sind alle bereit. Wir sitzen auf – voller Vorfreude auf das Abenteuer, das uns erwartet.

Kein Wunder, dass der Haflinger ungeduldig ist. Er will los, auf den Berg. Im Gegensatz zu seiner Reiterin weiß er, was ihn erwartet: ein Zwei-Tage-Ritt vom Oberen Mölltal hinauf zu einer Hütte in den Kärntner Alpen – und das mitten im Winter.

Alte Tradition

Etwas nervös sind wir schon. Schließlich kennen wir die Berge bisher nur von einer anderen Seite: dem Skifahren auf manikürten Pisten und vom sommerlichen Wandern. Doch Engelbert, unser bedächtiger Führer, zerstreut die Bedenken: „Bei dem Weda werd des sogar für eich a Sonntagsspaziergang." Mit seinen Trekking-Touren zu Pferd lässt der „Schlosswirt" von Großkirchheim, Hubert Sauper, eine alte Tradition wieder aufleben. Bis vor knapp zweihundert Jahren transportierten Händler mit Pferden, die „Säumer", Seide, Wein und andere Güter über die Alpen zwischen Italien und Österreich.

Informationen: Die zweitägige Winter-Trekking-Tour wird bis Ostern angeboten. Preis: rund 300 Mark mit Verpflegung, Führung und Übernachtung. Im Sommer gibt es Reitwanderungen auf Saumpfaden für zwei bis drei Tage. Sieben Tage im Hotel mit Halbpension, täglichen Ausritten und zweitägiger Tour kosten etwa 790 Mark. Buchung: Hubert Sauper, „Schlosswirt", Döllach 100, A-9843 Großkirchheim, Tel. 00 43/48 25/2 11

Ein kleines Abenteuer

Bevor sich der Weg in die Höhe windet, zieht unsere kleine Gruppe an der leise plätschernden Möll entlang, dem Flüsschen, das dem Tal seinen Namen gab. Eisschollen kleben an den Steinen im Wasser. Auf ebener Strecke können wir uns an das neue Gefühl vom Reiten im Schnee gewöhnen.

Gemeinsam mit zwei Freundinnen macht die Stuttgarter Studentin einen so außergewöhnlichen Wanderritt zum ersten Mal. Da alle drei geübte Reiterinnen sind, ist unser kleines Abenteuer für sie überhaupt kein Problem. Nur bei den Etappen, die zu Fuß zurückgelegt werden, stöhnen sie ein bisschen. Wir überqueren die Bundesstraße nach Heiligenblut, und gleich geht's aufwärts. Nach einigen Metern heißt es zum ersten Mal absteigen: Die Teerstraße ist spiegelglatt gefroren.

Beim Führen und Bergaufsteigen werden bald die ersten Anoraks aufgeknöpft. Nicht nur das Schnaufen der Pferde ist zu vernehmen, auch die Reiter atmen jetzt hörbar. Es geht zu Fuß bis nach Apriach, ein Bergbauerndorf, in dem die Zeit stehen geblieben zu sein scheint. Es ist Engelberts Heimatort, und so weiß er viel zu erzählen. Zum Beispiel, dass in der Volksschule alle Jahrgänge gemeinsam in einem Klassenzimmer unterrichtet werden und dass auch behinderte Kinder in den regulären Unterricht integriert sind.

Der Weg ist jetzt ungeteert und wird schmäler. Wir sitzen wieder auf. Langsam bezwingen die Haflinger im Gänsemarsch die stete Steigung. Wie in diesem Gelände nicht anders zu erwarten, ist der Schritt die einzig mögliche Gangart. Das gibt uns Muße, die Schneelandschaft zu genießen. Anfangs gibt der Wald noch gelegentlich den Blick ins Mölltal frei, doch dann scheinen wir die Zivilisation hinter uns gelassen zu haben. Jeder lässt seinen Gedanken freien Lauf, versucht, den Alltag von sich abzustreifen.

Stärkung am Lagerfeuer

„Hier machen wir Brotzeit." Bei dieser Ankündigung wird die Truppe wieder munter. Während wir den erhitzten Pferden Wolldecken zum Schutz vor der Kälte überwerfen, entzündet Engelbert das Lagerfeuer. Hinter einem Holzstoß hat er einen großen rußigen Topf hervorgezaubert. Darin brodelt bald die Gerstensuppe mit Würstel: eine köstliche Stärkung nach der vorausgegangenen Anstrengung. Lang dauert die Pause allerdings nicht, denn zum Hinsetzen ist es trotz der wärmenden Sonne zu kalt.

Oben bei der Hütte angelangt, sind Tiere und Menschen gleichermaßen erhitzt. Aber was für ein Blick! Die Belohnung für unsere Mühe ist fürstlich. Rundum erheben sich die Dreitausender der Hohen Tauern. Wir genießen das herrliche Panorama vom Balkon der urigen Almhütte aus, nachdem unsere braven vierbeinigen Kameraden abgesattelt und friedlich kauend im Stall untergebracht sind.

Schon meldet sich der Hunger. Das heißt: Einheizen und Wasser holen, schließlich sind wir nicht im Fünfsterne-Alpenhotel. Mit Eimern und Pickeln bewaffnet, trotten zwei Freiwillige zur eingefrorenen Quelle, zweihundert Meter weiter. Schneller als gedacht summt der Teekessel auf dem Holzofen, ebenso schnell hat unser vielseitiger Führer ein schmackhaftes Essen bereitet. Es gibt seine Spezialität: Polentagröstl mit geräuchertem Gamsfleich aus der eigenen Jagd. Mit großem Appetit löffeln wir alle aus einer Pfanne, wie früher die Bauern mit ihrem Hausgesinde.

Danach empfindet man es fast als selbstverständlich, sich gemeinsam auf das breite Lager aus Strohmatratzen zu kuscheln. So wird uns jedenfalls warm. Vom Stall darunter mischt sich das Geräusch der rumorenden Pferde unter die Traumbilder, die im Halbschlaf den kommenden Reittag vorwegnehmen.

Süddeutsche Zeitung, 15. 2. 1994

ZU (11.6) Bäume mit rotem Punkt

(ZDF, LOGO, 14. 12. 1994)

Transkription des Hörtextes:

Wenn ihr durch den Wald geht, findet ihr immer wieder Bäume mit einem roten Punkt drauf, und dann wisst ihr, diese Bäume sind fällig, sie werden abgeholzt. Der neun-
4 jährige Christian hat in seinem Wald viele rote Punkte gezählt, und er fragte sich, müssen all diese Bäume tatsächlich weg. Trübe Aussichten für die großen alten Roteichen. Sie stehen in Heiligenhaus in der Nähe von Düsseldorf.
8 Über vierzig von ihnen hatten plötzlich einen roten Punkt. Und das bedeutete: [Man hört das Kreischen von Motorsägen.] Christian, der direkt neben dem Wald wohnt, kann das Geräusch der Motorsägen nicht mehr hören und wollte
12 etwas dagegen unternehmen. Er wollte herausfinden, ob es wirklich notwendig ist, so viele Bäume zu fällen.
„Ich hab' gehört, dass hier über vierzig Bäume abgeholzt werden sollen, weil ich das nicht wollte, hab' ich LOGO
16 angerufen."
Ein Vertreter der Stadt und ein Vertreter vom Forstamt kamen in den Wald, um Christian Rede und Antwort zu stehen.
20 „Christian, erst mal finde ich's ganz toll, dass wir heute hier stehen und dass du dich so schön für den Wald einsetzt."
„Warum sollten denn so viele Bäume gefällt werden?"
„Wir lassen alle großen Bäume, die in der Nähe von Wohn-
24 siedlungen stehen oder in der Nähe von Straßen, zweimal im Jahr untersuchen, ob sie noch standfest sind oder ob sie 'ne Gefahr darstellen für die anliegende Wohnbebauung."
„Warum denn dann gleich vierzig absägen?"
28 „Ja, weil die Bäume im Laufe der Jahre immer enger und dichter nebeneinander wachsen und sich gegenseitig Konkurrenz machen."
„Was passiert denn mit den Tieren, wenn die Bäume alle
32 weg sind?"
„Die Tiere bleiben hier."
„Und können die letzten elf Bäume, die jetzt noch markiert sind, können die nicht noch stehen bleiben?"
36 „Würde ich dir damit einen Gefallen tun?"
„Ja."
„Ja, würde ich das? Also mir würdest du einen Gefallen tun, wenn wir uns vielleicht noch gleich gemeinsam diese elf
40 Bäume anschauen können, gemeinsam überlegen ..."
Mindestens drei große Bäume hat Christian durch seinen Einsatz retten können.

ZU 12.1 Wer geht wann, wie oft, wie lange, wozu, mit wem dahin?

1. **Im „Kachelstübchen“ 20 Uhr 30 – eine Bestandsaufnahme**

Was diese Herrn zur Theke treibt?
Dies: sie sind alle unbeweibt.

Aus welchem Grund sind die hier blau?
Da gab es einmal eine Frau ...

Und was verbindet diese Penner?
Das: es sind alles Ehemänner.

2. Wo man sich treffen kann:

Gasthaus, das: *Haus mit Gaststätte [u. Zimmern zur Beherbergung von Gästen]*: Im G. essen, übernachten; in einem G. einkehren; -**hof**, der: *Gasthaus (auf dem Lande).*

Bar [-], die; -, -s [engl. bar, urspr. = Schranke, die Gastraum u. Schankraum trennt < afrz. barre = Stange, H. u.]: **1.a)** *intimes [Nacht]lokal, für das der erhöhte Schanktisch mit den dazugehörenden hohen Hockern charakteristisch ist:* eine B. aufsuchen, besuchen; in einer B. sitzen: **b)** *barähnliche Räumlichkeit in einem Hotel o. ä.* **2.** *hoher Schanktisch mit Barhockern:* an der B. sitzen.

Café [ka'fe:], das; -s, -s [frz. café, ↑Kaffee]: *Gaststätte, die in erster Linie Kaffee u. Kuchen anbietet, Kaffeehaus:* ein gemütliches, schön gelegenes C.

Kneipe ['knaipə], die; -, -n [zuerst als „Kneipschenke" studentenspr. für eine schlechte, kleine Schenke u. das dort abgehaltene Trinkgelage, auch: (enges) Zimmer des Studenten; wahrsch. im Sinne von „enger Raum" zu ↑¹kneipen]: **1.** (ugs., meist abwertend) *kleines, sehr einfaches, wenig ansprechendes, aber für die Stammgäste auch vertrautes u. gemütliches Lokal [mit billigem Essen], in dem alkoholische Getränke ausgeschenkt werden:* eine dunkle, rauchige, anrüchige, altmodische, gemütliche K; die K. an der Ecke; in einer K. einkehren; dauernd in der K. sitzen; sie blieben in einer K. hängen, zogen von K. zu K.

Restaurant [rɛsto'rã:], das; -s, -s [frz. restaurant, subst. 1. Part. von: restaurer, ↑restaurieren; urspr. = Imbiss (1)]: *Gaststätte, in der Essen serviert wird, die man bes. besucht, um zu essen; Speisegaststätte*: ein billiges, vornehmes, gutes, italienisches R.; ein R. besuchen; ins R. gehen.

Cafeteria [kafetə'ri:a], die; -, -s [amerik. cafeteria < span. cafetería = Kaffeegeschäft, zu: café, ↑Kaffee]: *Imbissstube, Restaurant mit Selbstbedienung.*

Biergarten, der; ein Ort im Freien mit Bäumen, (Sitz)Bänken od. Stühlen u. Tischen, an dem man das Bier kaufen u. sich sein Essen mitbringen kann: *München ist für seine Biergärten bekannt.*

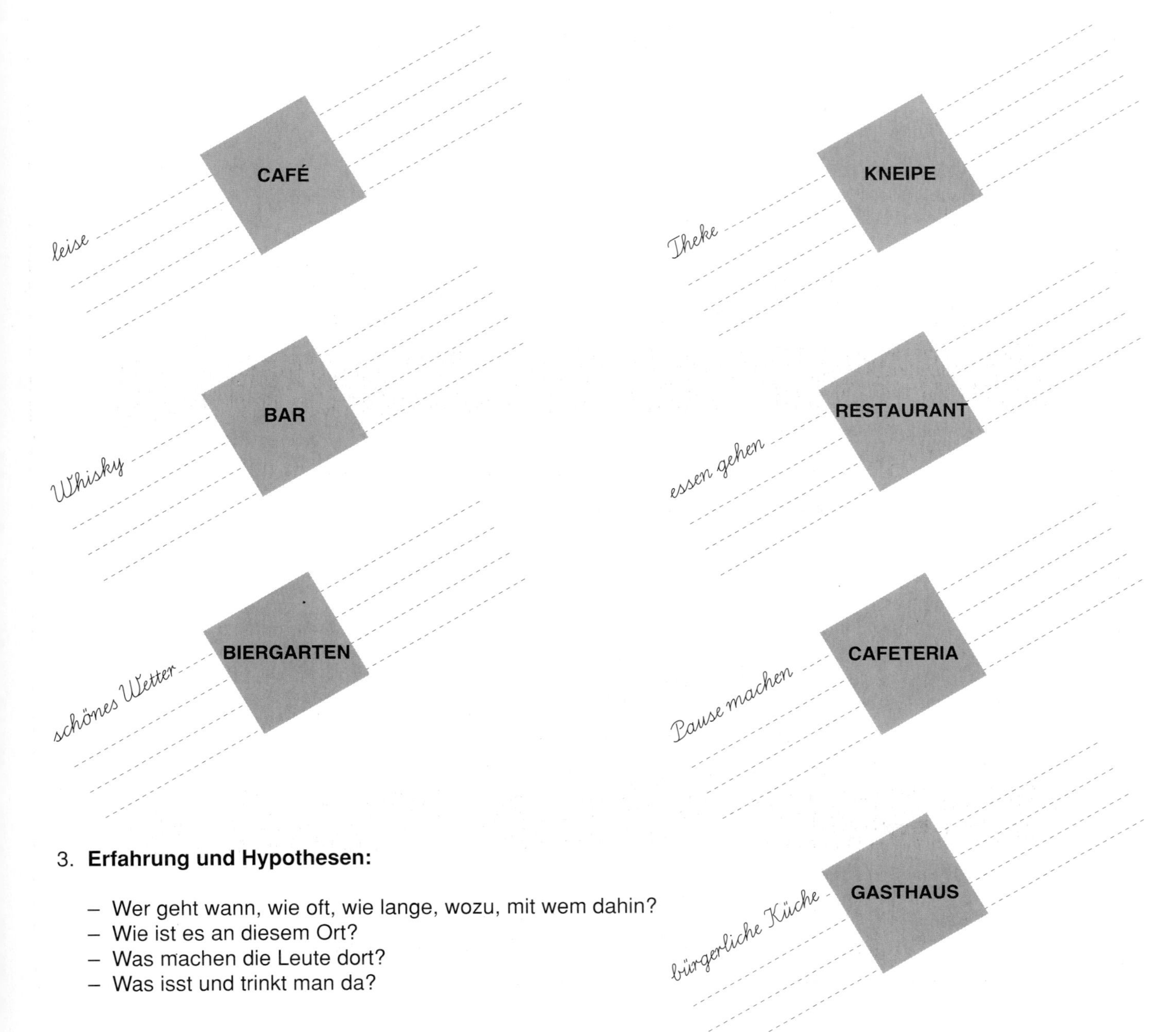

3. Erfahrung und Hypothesen:

- Wer geht wann, wie oft, wie lange, wozu, mit wem dahin?
- Wie ist es an diesem Ort?
- Was machen die Leute dort?
- Was isst und trinkt man da?

4. **Vergleichen und Entgegensetzen: Komparativ- und Adversativangaben**		
Konnektor	Beispielsätze	Wortklasse
während	In der Kneipe kann man ein richtiges gezapftes Bier trinken, während man im Café meist nur Flaschenbier bekommt.	*Subjunktion*
	Anders als im Café sieht man in einer Kneipe selten einzelne ältere Frauen.	
	In einer Bar kann man im Unterschied zu allen anderen Lokalen nichts essen.	
	Sowohl die Kneipe als auch die Bar haben eine hohe Theke.	
	Die Kneipe hat eine Theke. Ein Café dagegen hat keine.	
	Ebenso wie in der Kneipe kann man in der Cafeteria Kleinigkeiten essen.	
	Ein Café unterscheidet sich von einer Cafeteria dadurch, dass es keine Selbstbedienung hat.	
	Verglichen mit anderen Städten hat München viele Biergärten.	
	Ähnlich wie im Biergarten kann man im Café auch draußen sitzen.	

Tragen Sie in die linke Spalte das Bindewort (den Konnektor) ein und in die rechte Spalte die Wortklasse (Konjunktion, Subjunktion, Adverb/adverbialer Ausdruck, Partikel, verbaler Ausdruck?). Markieren Sie die Verbposition.

5. Entwerfen Sie in Kleingruppen Übungen zu den Komparativ- und Adversativangaben für die anderen Gruppen.

6. Diskutieren Sie über kulturell bedingte Unterschiede in verschiedenen Bereichen, und benutzen Sie dabei möglichst verschiedene sprachliche Realisierungen für Vergleiche.

   Mögliche Themen:

   - Einstellungen zu/von Politikern
   - Probleme von Städten
   - Klimaunterschiede und ihre Folgen
   - Künstler und ihre Arbeit oder ihre gesellschaftliche Funktion
   - Frauen und Männer

ZU 12.5 …?… Scharfenberg

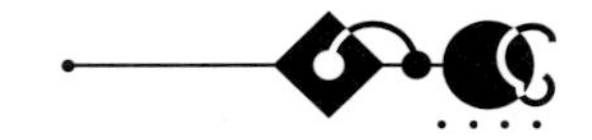

(WDR, 25. 1. 1995)

Transkription des Hörtextes:

Bin ich wirklich noch mitten in Berlin? Eben saß ich noch in der U-Bahn, jetzt bin ich nach einer Viertelstunde Fußmarsch durch den Wald am Tegeler See angelangt, wo ich jetzt im Januar natürlich mutterseelenallein auf einem Steg stehe. Dreimal soll ich jetzt gegen einen Eisenpfosten schlagen, damit mich der Bootsmann auf der Insel Scharfenberg auch hört. Und tatsächlich setzt sich von gegenüber ein Motorboot in Bewegung.
„Tag, wo möchten Sie hin?“

●

Berlins schönstes Gymnasium ist nur mit dem Boot zu erreichen. Statt eines hässlichen Schulzentrums erwartet mich eine Ansammlung von kleinen Häusern und Hütten, fast alle aus Holz, die sich weiträumig zwischen Wald und Wiesen verteilen. Die Schule ist ein Fünf-Tage-Internat, nur das Wochenende verbringen die Schüler in der Stadt. Und als mich Jens, der Schülersprecher, zu einem Rundgang über die Insel einlädt, merke ich sehr schnell, dass hier vieles ganz anders ist als auf anderen Schulen.
„Das ist jetzt unser Surfplatz, wir können hier also im Sommer auch surfen. Davor die Wiesen sind für die Kühe teilweise.“
„So, inzwischen stehen wir vor dem Bienenhaus. Man sieht hier auch richtig die Bienenkästen.“
„Die Bienen werden hier auch gepflegt, unter anderem von einer Bienen-AG, unter Leitung eines Sozialarbeiters.“
„Und hier jetzt gegenüber ist so ein kleiner Garten, den habt ihr wahrscheinlich auch selber angelegt?“
„Ja, das ist so'n Kräutergarten, d.h. wenn Leute erkältet sind, dann können sie von der Krankenschwester halt diverse Kräuter und Tees haben, die halt hier selbst gepflückt und angebaut werden. – In dieser Tür geht's jetzt zum Stall rein.“
„Lernt man denn hier auch, wie man Kühe melkt?“
„Ja, allerdings in der 8. Klasse, 7., 8. Klasse so rum. Ja, das ist das Kalb, was gerade neu gekommen ist hier, da haben auch Schüler zugeholfen, als es auf die Welt kam, aber, es wird hier von den jüngeren Schülern immer mit großer Anteilnahme alles beobachtet.“

●

Hierhin schickt aber nicht die Berliner Luxus-Schickeria ihren missratenen Nachwuchs, denn Scharfenberg ist ein ganz normales öffentliches Gymnasium. Die knapp 700 Mark Schulgeld monatlich für das Internat sind auch für weniger begüterte Eltern erschwinglich. Vor rund 75 Jahren, so erzählt mir der Schulleiter Florian Hildebrand, ließ sich der Pädagoge Wilhelm Blume mit 22 Schülern auf der Insel nieder.
„Der Wilhelm Blume stammt aus den Reihen der Reformpädagogen, und ich sag' mal, Elemente dessen sind hier heute durchaus noch zu finden. Das Zusammenwirken von Lernen und Leben in der Natur und die Formung der Schüler eben in diesem Sinne.“

●

Nur 150 Schüler sind hier zur Zeit. Da gibt es natürlich ein viel besseres Gemeinschaftsgefühl als in einem der riesigen Gesamtschulzentren, wo kaum einer den anderen kennt. Auch der Kontakt zwischen Jüngeren und Älteren ist viel intensiver.
„Irgendwie auch, weil du dann viel mit der Natur zusammen bist, dann mit deinen Freunden und bist nicht so zu Hause oder hast du auch nicht so viel Möglichkeiten, vor der Glotze zu hängen, irgendwie kommst du besser mit den Schularbeiten zurecht. Das macht einfach mehr Bock. Dadurch, dass man ständig mit Jüngeren konfrontiert ist, hat man immer eine Möglichkeit, Dinge, die man verpasst hat, noch nachzuholen, zum Beispiel, ständig kindisch zu sein oder irgendwie zu sehen, was die kleineren Kids für Probleme haben.“

●

Die kleine Insel liegt zwar mitten in Berlin, aber jeder Kino- oder Diskobesuch ist wochentags schwer zu organisieren. Abends gibt es keine Fähren mehr, und so muss man sich

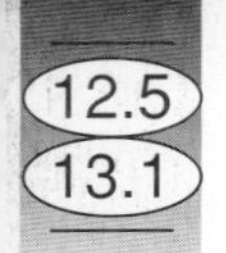

schon mal in seinem Ausgeh-Outfit bei Wind
88 und Wetter in ein ziemlich schmuddeliges
Ruderboot setzen. Mal heimlich nachts abhauen
oder Besuch empfangen, das ist da nicht drin.
Trotz aller Abgeschiedenheit ist auch die Insel
92 Scharfenberg keine heile Welt.
„Vor allem bei den Jüngeren ist es stark verbreitet neuerdings, die wissen nicht mit ihrer
Zeit was anzufangen, und die gehen halt in den
96 Wald und rauchen einen Joint oder trinken ...
Es gab 'ne Zeit, da wurden bei uns im Café
zum Beispiel 1600 Mark geklaut. Kopfhörer
wurden mit Vorliebe geklaut, Geld, was offen
100 lag, wurde geklaut. Es gibt viele Konflikte, die
halt diese heile Welt schon zerstören, würde ich
sagen."

ZU 13.1 Sprachliche Mittel zur Bezeichnung von Prozessen

Handke beschreibt in diesem Text verschiedene Prozesse:
werden – erfahren – kennen lernen – lernen – erwerben

Veränderung/Prozeß	Zustand	Veränderung/Prozeß
→ werden	sein und bleiben	→ vergehen/sterben/verfallen
→ kennen lernen	kennen	→ vergessen
→ erfahren	wissen	→ vergessen
→ lernen	können	→ vergessen/verlernen
→ erwerben	besitzen	→ verlieren
→ bekommen/kriegen	haben und behalten	→ verlieren/verschenken

1. Überprüfen Sie in einem einsprachigen Wörterbuch die Einträge zu diesen Verben (Bedeutung und grammatische Hinweise).

2. Ergänzen Sie mit Verben aus dem Kasten:

   a) ○ WeiBT du nicht, dass er gestorben ist?

   ● Nein, ich habe es erst gestern erfahren.

   b) ● Mein Name ist Schmitt.

   ○ Freut mich, ich wollte Sie schon lange einmal kennen lernen.

   c) ● Woher kannst du so gut Ski laufen?

   ○ Das habe ich in den Alpen gelernt.

   d) Sie kannten sich gerade einen Monat, als sie heirateten.

e) Am Anfang des Monats __________ ich immer kein Geld mehr.

Ich __________ mein Gehalt nämlich immer am 15.

f) ● Kommt Klaus heute nicht?

○ Nein, er ist plötzlich krank __________ .

g) Wenn jemand im Zimmer zu rauchen anfängt, __________ ich immer Husten.

h) Entschuldige die Störung. Ich __________ nicht, dass du schlafen wolltest.

i) Gestern habe ich endlich Post von ihr __________ .

j) ● __________ du Spanien?

○ Nur wenig. Ich würde es gern besser __________ .

k) Morgen __________ die Kinder Zeugnisse.

l) Alles __________ teurer. Es __________ immer schwieriger, mit dem Geld auszukommen.

m) Meine Frau und ich __________ uns seit 20 Jahren __________ .

Lövo

3. Präfix *er* –

Von einem Adjektiv abgeleitete Verben mit dem Präfix *er-* bezeichnen häufig eine Zustandsveränderung. Man findet sie eher im Schriftdeutschen. Im gesprochenen Deutsch verwendet man lieber *werden* oder *machen* + Adjektiv.

Formen Sie die Sätze um:

a) Der Lehrer ist plötzlich erkrankt.
b) Das Bad hat mich sehr erfrischt.
c) Als er ihr das sagte, errötete sie.
d) Der Kaffee hat mich wieder ermuntert.
e) Sein Haar ist in einer einzigen Nacht ergraut.
f) Nur das Stipendium ermöglichte ihm das Studium.
g) Die frische Luft ermüdet mich sofort.
h) Seit ihrer Krankheit ermüdet sie bei der Arbeit.
i) Seine Hilfe hat mir die Arbeit sehr erleichtert.
j) Meine Finger sind in der Kälte ganz erstarrt.

ZU 13.2 VERGNÜGUNGEN

1. Bertolt Brecht hat dieses Gedicht zu einem ganz bestimmten Zeitpunkt seines Lebens geschrieben. Man kann sich gut vorstellen, dass er zu einem früheren oder späteren Zeitpunkt andere Dinge als VERGNÜGUNGEN bezeichnet hätte.

   Wie würde ein Gedicht aussehen, das ein/e Zehnjährige/r geschrieben hätte oder ein/e Sechzigjährige/r vielleicht schreiben würde.

Ein/e Zehnjährige/r	Ein/e Sechzigjährige/r

VERGNÜGUNGEN
oder
FREUNDSCHAFT
oder
GELD
oder
...

2. Brecht beschreibt hier, was der Begriff VERGNÜGUNGEN für ihn bedeutet. Wie macht er das sprachlich? Bestimmen Sie die grammatischen Formen und die Struktur des Textes.

3. **Wortbildung: Nominalisierung, Genusbestimmung**

a. Wie heißen die Verben, von denen die folgenden Substantive abgeleitet sind?

Begriff	Verzeichnis	Bau	Reisen	Liebe
Fund	Verständnis	Vergnügen	Gezwitscher	Vergnügung
Schwimmen	Blick	Dank	Geruch	Gespräch
Reise	Bedeutung	Verstand	Kampf	Gedicht
Lehre	Gabe	Sprung	Riegel	Verkehr
Konzentration	Diskussion	Duschen	Inhalt	Wechsel
Schuss	Flucht	Sicht	Frage	Zusatz

b. Ordnen Sie die Substantive von a. in eine Tabelle.

maskulin	feminin	neutral

c. Formulieren Sie die Regeln zur Bestimmung des Artikels. Sie gelten bis auf wenige Ausnahmen.

ZU 13.4 Roland Schmidt: Diskotürsteher und Buchhalter

Transkription des Hörtextes:

Das Wort „Türsteher" ist out! Heute heißt das „Checker". Der Checker wählt aus. Er checkt die Leute ab. Ich finde, es ist das nettere Wort. Beim Türsteher denken die Leute immer gleich an Rausschmeißer. Dabei sind wir eine Sicherheit für die Gäste! Die kennen uns, wir sind nett, und wenn einer der Gäste dumm angemacht wird, helfen wir.

Mein Tag fängt am Freitagabend an, nach'm Büro. Achtzehn Uhr. Ich geh' dann meist unter die Dusche, ess' was, setz' mich ins Auto und fahr' zum Klub. Da kuck' ich erst mal, was los ist, informier' mich übers Programm. Um neun, halb zehn gehen vorn die Türen auf, und dann wird gearbeitet.

Freitag ist Techno-Abend hier in Frankfurt. Wir sind drei bis vier Leute an der Tür. Für den Job braucht man natürlich Selbstbewusstsein und eine gewisse körperliche Statur. Aber wir sind normale Leute, die den Besucherverkehr regeln.

Die Geschäftsleitung sagt klipp und klar: keine Drogendealer und keine mit Drogen vollgepumpten Leute! Annehmbare Kleidung sollten die Gäste schon haben, keine versiffte Hose oder so.

●

Wenn einer total besoffen ankommt, hat's auch keinen Sinn.

Das Problem ist, man kann einem Besoffenen nix rüberbringen. Ich versuch's freundlich und in klaren Sätzen zu sagen, warum und wieso er nicht reinkommt. Aber der versteht mich garnich, sondern zieht womöglich gleich'n Messer aus der Tasche! Hab' ich alles schon erlebt, besonders bei den Techno-Veranstaltungen! Da gibt's immer Ärger.

Wir haben am Eingang Schutzgasflaschen und Schlagstöcke. Ganz klar, weil, wir können uns nicht runtermachen lassen; es geht ja schließlich um unsere Gesundheit!

Ich hab' schon mal 'n blaues Auge oder 'ne dicke Faust. Aber zum Glück hatte ich noch nie eine Verletzung durch ein Messer oder 'ne Schusswaffe. Das Problem ist, wenn ich mich mit aggressiven Gästen rumschlagen muss, werd' ich selber zu aggressiv. Dann gibt's schon mal 'ne Überreaktion, und das soll ja nicht sein!

●

Der Job bringt mehr Feinde als Freunde. Leute, die ich abgewiesen hab', die legen schon mal nette Kleinigkeiten wie Nägel unter mein Auto. In der Regel sind die Typen aber schon weg, wenn ich aus dem Klub komme. Es regnet, dann isses kalt – die Leute sitzen nich vier Stunden wie die Vögel auf der Stange und warten auf mich.

Spaß an der Türsteherei bringt nur der Gehaltsscheck am Ende des Monats. Deshalb mach' ich das, immer am Wochenende und einmal in der Woche.

Wenn ich mittwochs so um halb vier morgens nach Hause komme, kann ich noch bis halb acht schlafen.

Um neun sitz' ich dann an meinem Schreibtisch in der Buchhaltung. Meistens bleibe ich ein halbes Jahr in einem Betrieb, dann schickt mich die Zeitarbeitsfirma woanders hin. Ich komm' viel rum und bin nicht so festgelegt.

Mit den Kollegen hab' ich wenig zu tun. Morgens packen sie gleich ihre Thermoskannen aus und quatschen übers Fernsehprogramm. Das interessiert mich überhaupt nich!

Mittags hol' ich mir in der Stadt was zu essen und geh' spazieren. Der Kantinenfraß is nix für mich, ich ess' ja bewusst. Viele Kohlehydrate, Gemüse und Reis.

Ich fahr' fast jeden Tag ins Studio zum Boxtraining. Wenn ich die Nacht in der Diskothek gearbeitet hab', falle ich nach dem Training gleich ins Bett.

●

Ich muss mich ständig umstellen mit meinen zwei Jobs. Eigentlich bin ich ja ein Nachtmensch. Ich fühl' mich wohler, wenn's dunkel ist.

Mit meiner Freizeit, das ist schon 'ne traurige Geschichte. Ich arbeite eigentlich nur, und es gibt kaum Frauen, die so was mitmachen. Aber in den letzten Jahren hab' ich Glück gehabt.

Das Mädel kommt unter der Woche mal her, und dann ist da auch noch der Sonntag. Wenn man ständig aufeinander klebt, das bringt ja auch nix. Und das Geld geht eben vor.

Buchhalter ist nicht das Richtige für mich. Ich will mich verändern, mich selbständig machen. Dafür brauch' ich 'nen gewissen finanziellen Background. Es gibt nix Schlimmeres, als wenn jemand zu mir sagt: „Bleib so, wie du bist!"

Aufgezeichnet von Karin Kura, Die ZEIT, 15. 7. 1994

ZU 13.4 Sandra Christiansen: Straßenmusikerin

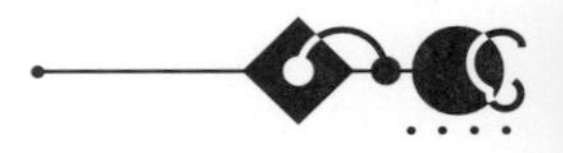

Transkription des Hörtextes:

Am liebsten würde ich bis Mittag schlafen. Bloß dann bestünde die Gefahr, dass ich nichts mehr auf die Reihe kriegen würde. Ich kenn' das gut genug. Deshalb stell' ich mir den Wecker zwischen acht und zehn, steh' auf, geh' zum Bäcker, hole Brötchen und frühstücke mit meiner besten Freundin zusammen. Sie heißt Nicola und wohnt eine Etage unter mir. Wenn wir so richtig ins Quatschen kommen, können wir mit dem Frühstück gar kein Ende finden und sitzen dann oft zwei Stunden zusammen.

Nachher seh' ich den leeren Kühlschrank und fühl' mich an den Haushalt erinnert. Dann geh' ich einkaufen, erledige die Wäsche und bring' mein Zimmer in Ordnung. Bloß abwaschen tu ich nur alle drei Wochen mal. Dazu habe ich nämlich überhaupt keine Lust. Das ist auch gar nicht wichtig.

•

Am Nachmittag gegen 14 Uhr gehen Nicola und ich zur U-Bahn. Gitarre in der Hand, die Mütze zum Geld Sammeln und die bespielten Kassetten in der Tasche. Bis zur Haltestelle Mönckebergstraße sind es nur elf Minuten. Dann drängeln wir uns durch die Massen von einkaufswütigen und coolen, geschäftigen Leuten hindurch in die Spitalerstraße, die zentrale Fußgängerzone. Dort rennen wir erst mal hin und her und kucken, ob ein Platz frei ist. Denn mehr als drei Konzerte können in der kurzen Einkaufsstraße nicht gleichzeitig stattfinden. Es ist der beste Standort in Hamburg.

Wenn wir Glück haben, finden wir gleich einen Platz. Sonst frage ich einen Musiker, ob wir nach ihm spielen können oder ob sich schon ein anderer angemeldet hat. Die Regel ist, dass jeder eine halbe Stunde spielen darf. Das hat das Bezirksamt angeordnet. Danach musst du eine Pause machen oder einen anderen Stehplatz suchen.

Meist sind die anderen Musiker sehr kollegial. Wir kennen uns auch alle untereinander.

Aber manche sind auch recht nervig drauf. Letztens war da einer, der hatte uns erst ganz freundlich seinen Platz überlassen und eine Pause eingelegt. Wir hatten gerade unser erstes Stück gespielt, dann waren meine Saiten verzogen – kommt im Winter öfter vor. Da quatscht der mir von hinten plötzlich ins Ohr: „Ich will ja keinen Druck machen, aber ihr solltet mal anfangen." Aber so was ist die Ausnahme.

•

In Hamburg sind wir die einzige Frauenband auf der Straße und dazu die jüngste. Nicola singt, ich spiele Gitarre und singe auch. Straßenmusik ist sonst immer noch eine Männerdomäne. Beim Publikum kommen wir bestimmt auch deshalb gut an. Wir haben sogar Stammkunden, die mindestens einmal pro Woche zu uns kommen. Wenn das Wetter gut ist, dann gibt's 'ne richtige Party, die Leute fangen an zu tanzen und singen mit, zu Bob-Dylan-, Cat-Stevens- und Police-Songs. Das macht mir dann am meisten Spaß.

Völlig ekelhaft find' ich aber solche Typen, die einem nur deshalb Geld geben, weil man 'ne Frau ist. Die kommen mit so schleimigen Blicken an und werfen fünfzig Pfennig in die

Mütze. Da würde ich am liebsten schreien. Dann gibt's sogar Typen, die sagen im Vorbeigehen: „Zieht euch lieber aus, anstatt zu singen." Von hinten kommen ab und zu noch welche, die uns anschnorren oder beklauen wollen. Da krieg' ich manchmal echt die Krise. Trotzdem muss ich aber weiter eine gute Miene machen und dem Publikum eine heile Welt vorspielen. Sonst bleibt doch keiner stehen.

Nach einer halben Stunde sind etwa fünfzig Mark in unserer Mütze. Dann setzen wir uns in einen Hauseingang, trinken einen Tee – meine Thermoskanne hab' ich immer mit dabei – und rauchen eine Zigarette oder zwei. Über die Blicke der Leute muss ich mich dann echt amüsieren. Die kucken uns an, als seien wir Bettler.

Straßenmusik mache ich schon seit zweieinhalb Jahren. Damals wollte ich verreisen und hatte kein Geld. Ich bin dann mit Nicola auf die Straße gegangen und hab' Musik gemacht. Das Geld für den Frankreichurlaub war schnell zusammen. Jetzt ist die Straßenmusik zu meinem Beruf geworden. Nach dem Abitur hab' ich eine Zeit lang bei einer Versicherung gearbeitet. Da hatte ich den ganzen Tag lang nur mit Computern und Zahlen zu tun. Das hat mich richtig krank gemacht. Mir ist dabei klar geworden, dass die Musik das einzig Wahre für mich ist.

Aufgezeichnet von Rainer Kreuzer, Die ZEIT, 11. 3. 1994

ZU 14.1 Etwas einräumen: Konzessivangaben

Konnektor	Beispielsätze	Wortklasse
zwar... doch/aber	Der Mensch lebt zwar nicht mehr auf den Bäumen, doch/aber er kann seine Ahnen nicht verleugnen.	Adverb als Korrelat und Konjunktion
	Obwohl/Obgleich wir nicht mehr im Urwald leben, herrscht in der menschlichen Gesellschaft oft noch das „Gesetz des Dschungels".	
	Auch wenn wir die Natur mit allem Komfort versehen, sind wir gegen Naturkatastrophen noch immer machtlos.	
	Unsere technische Intelligenz mag noch so hoch entwickelt sein – unsere sozialen Verhaltensweisen haben jedenfalls mit dieser Entwicklung nicht Schritt gehalten.	
	Auch dem Menschen sind Tötungshemmungen als Verhaltensweise angeboren. Allerdings gilt dies nur für den direkten Kampf ohne Waffen.	
	Heute lebt der Mensch oft in riesigen Gemeinschaften. Trotzdem/Dennoch beschränken sich seine persönlichen Kontakte nach wie vor auf eine relativ kleine Gruppe.	
	Der Mensch ist stolz auf seine Zivilisation. Dabei zerstört diese Zivilisation allmählich die Erde.	
	Die Zivilisation zerstört allmählich die Erde. Immerhin hat man die Gefahren inzwischen erkannt.	
	Trotz aller medizinischen Fortschritte gibt es immer noch unheilbare Krankheiten.	
	Am Ende bleibt doch immer alles beim Alten.	

1. Tragen Sie in die linke Spalte das Bindewort (den Konnektor) ein und in die rechte Spalte die Wortklasse (Konjunktion, Subjunktion, Adverb, Präposition, Partikel?).

2. Wiederholen Sie die Regeln für die Verbstellung bei den verschiedenen Wortklassen, indem Sie die Beispielsätze analysieren.

3. Was heißt eigentlich konzessiv?
Was signalisiert ein konzessiver Konnektor dem Leser oder Hörer?

4. Adverbien

immerhin	= wenigstens, jedenfalls: Man gibt einen positiven Aspekt zu bedenken, oft ironisch.
allerdings	positive oder negative Einschränkung
dennoch/trotzdem	Es folgt das Gegenteil von dem, was „logischerweise" zu erwarten wäre.
dabei (immer am Satzanfang)	Nennt nachträglich einen Grund, weshalb das Gegenteil zu erwarten (gewesen) wäre.

a. Ergänzen Sie mit den Adverbien aus dem Kasten:

a) ● Er hat sich einen neuen Wagen gekauft. ______________ hatte sein alter erst 20.000 km.

○ Er war sehr klein. In den neuen passt nun ___________ die ganze Familie.

b) Weshalb sollte meine Tochter nicht allein verreisen? Sie ist ______________ schon siebzehn.

c) ● Du kannst gern bei uns übernachten. Du musst ______________ auf dem Fußboden schlafen.

○ Das macht nichts. Ich bin so müde, dass ich _____________ schlafen werde.

d) ● Er soll sich nicht beklagen. Er verdient ______________ ein gutes Gehalt.

○ Er hat ______________ auch drei Kinder.

● ______________ müsste er mit dem Geld auskommen.

e) ● Sie ist wieder nicht gekommen. ____________ hatte sie es mir versprochen.

○ Na, sie hat aber ______________ angerufen und abgesagt.

f) ● Sie kam völlig verfroren nach Hause.

○ Kunststück. Sie hatte ______________ zwei Stunden in der Kälte gewartet.

g) Ich weiß die Adresse. Die Telefonnummer habe ich ______________ nicht.

h) …

b. Schreiben Sie weitere Beispielsätze.

5. Was setzt „doch" voraus?

   Beispiel:
   Er kommt doch! („doch" betont)

   Es könnte vorausgegangen sein:
   – *Er hatte gesagt, er wollte nicht kommen.*
   – *Er hatte gesagt, er könne nicht kommen.*
   – *Wir hatten ihn nicht erwartet.*

   Was könnte den folgenden Sätzen vorausgegangen sein?

   a) Sie heiratet ihn doch nicht.
   b) Ich nehme doch noch ein Stück Torte.
   c) Das Wetter wurde am Nachmittag doch noch schön.
   d) Es wurde dann doch noch ein schöner Abend bei Meiers.
   e) Ich habe dann doch gekündigt.
   f) Wir sind dann doch mit dem Auto gefahren.

6. Formen Sie die Sätze nach folgendem Beispiel um, oder ergänzen Sie:

   Beispiel:
   Obwohl er sehr lange wartete, kam kein Boot in Sicht.
   So lange er auch wartete, kein Boot kam in Sicht.

   a) Er verdient zwar viel, aber er hat nie Geld.
   b) Es gefällt mir hier sehr gut. Trotzdem kann ich nicht länger bleiben.
   c) Obgleich er es schon oft versucht hat, ist es ihm nie gelungen.
   d) Sie ist zwar noch sehr klein, aber sie hat gar keine Angst.
   e) So gern ...
   f) So alt ...
   g) So interessant ...
   h) So viel ...
   i) So sehr ...

7. Ergänzen Sie die Sätze:

   a) Die Luft in der Stadt kann noch so schlecht sein, ...
   b) Das Fernsehprogramm mag noch so dämlich sein, ...
   c) Der Strand mag noch so überfüllt sein, ...
   d) So absurd, traurig, schön, teuer ... auch ist/sein mag – ...
   e) So viel ... auch ... , ...
   f) So sehr ... auch ... , ...
   g) In vielen Stadtvierteln demonstrieren die Leute gegen die Drogen.
      1. Trotzdem ... 2. Allerdings ... 3. Immerhin ... 4. Dabei ...
   h) Bei vielen Verkehrsdelikten sind hohe Geldstrafen und Führerscheinentzug vorgesehen.
      1. Trotzdem ... 2. Allerdings ... 3. Immerhin ... 4. Dabei ...

8. Kommentieren Sie die folgenden Sätze:

   a) Alle sind für den Frieden.
   b) Die Großstädte ersticken im Verkehr.
   c) Die, die alles haben, kritisieren die Konsumgesellschaft.

d) Lügen haben kurze Beine.
e) Lesen bildet.
f) Alle Tiere sind gleich. (George Orwell).
g) Alle Menschen sind vor dem Gesetz gleich. (Artikel 3 des Grundgesetzes für die Bundesrepublik Deutschland)

9. Ordnen Sie die Bilder, und erzählen Sie die Geschichte.

Benutzen Sie möglichst viele verschiedene Konnektoren
(siehe SICHTWECHSEL 1, Arbeitsbuch 4.4 und SICHTWECHSEL 2,
Arbeitsbuch 10.4 und 14.1.1.).

Aus: e. o. plauen, Vater und Sohn

10. **LERNBERATUNG: Textaufbau**

Wenn Sie zu Ihrem Thema genügend Material gesammelt haben, machen Sie eine Gliederung für Ihr Referat. Hilfen für den Aufbau Ihres Textes finden Sie in den folgenden Ausführungen.

Aus: Hans Jürgen Heringer, Grammatik und Stil

Ein Text kann mehrere Teile haben. Üblich ist der dreiteilige Textaufbau.

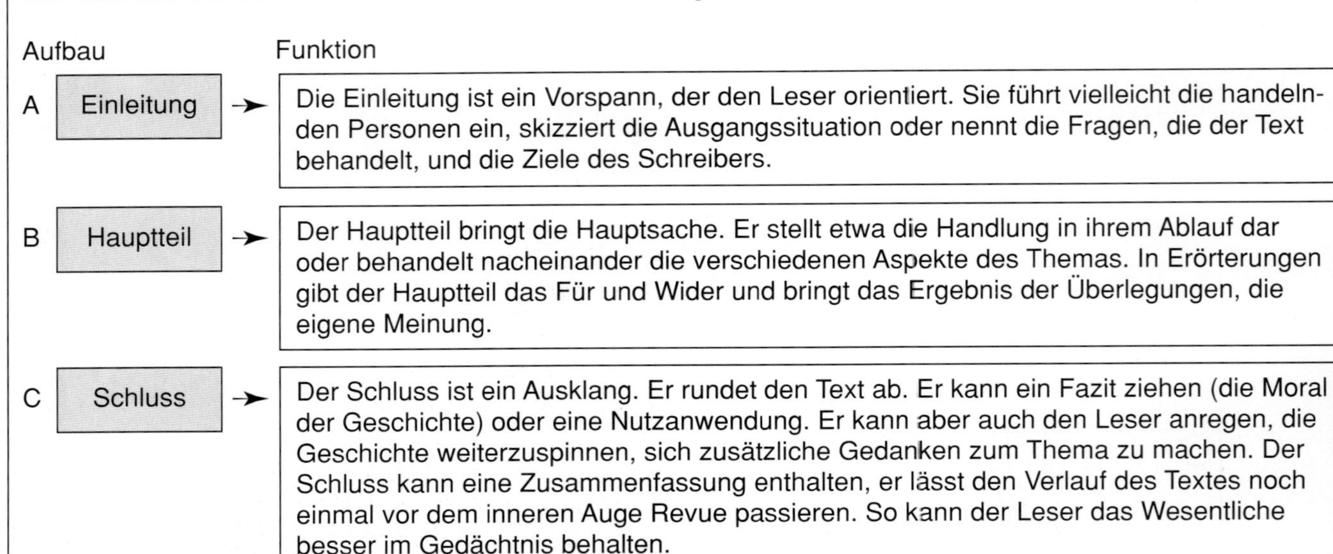

Der lange Hauptteil hat eine innere Ordnung. Er besteht aus einzelnen, oft gleichberechtigten Absätzen, ihre Reihenfolge kann unterschiedlich begründet sein.

– Unterschiedliche Aspekte, Unterthemen werden behandelt:

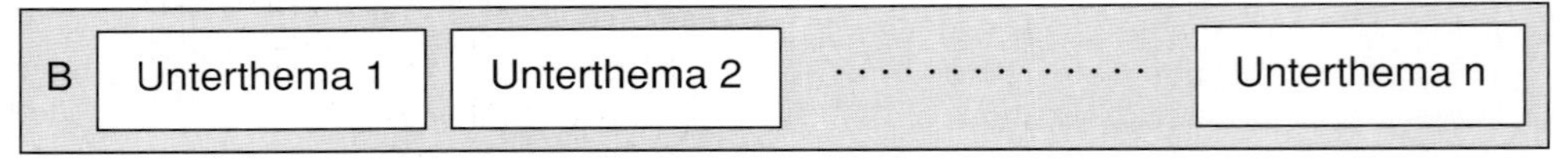

– Unterschiedliche Phasen des Vorgangs werden dargestellt:

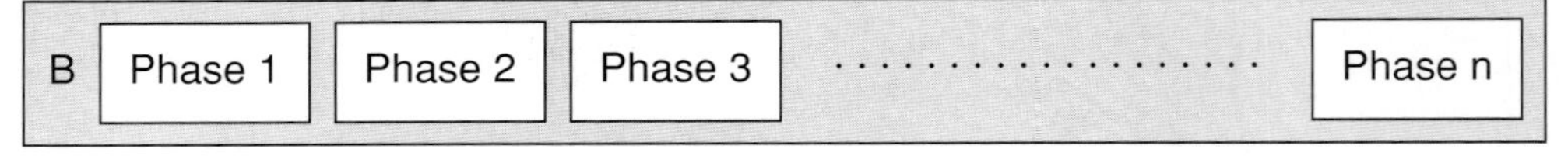

– Das Pro und das Kontra werden erörtert:

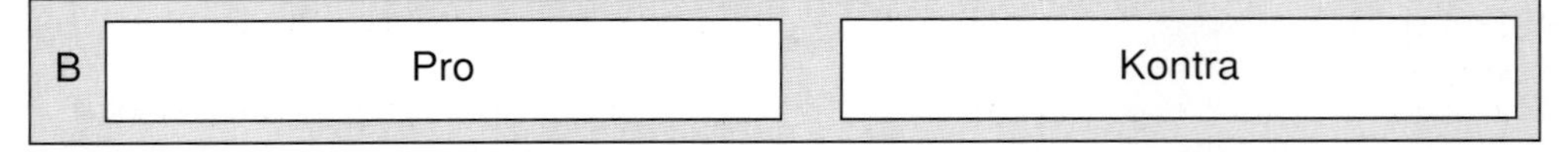

– Ein einzelnes Pro wird direkt vor seinem Kontra abgehandelt. So entsteht ein Wechsel der Pros und Kontras:

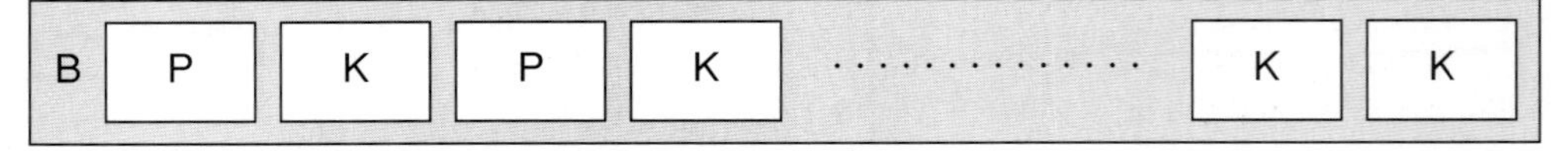

– Die Lösung eines Problems wird vorgeführt:

Verschießen Sie Ihr Pulver nicht zu schnell! Sie sollten auf eine allmähliche Steigerung achten. Am Schluss des Hauptteils kommt der Höhepunkt.

ZU 14.2 Geschichten schreiben und erzählen V: Aufbau der Geschichte planen

1. **Schreiben**

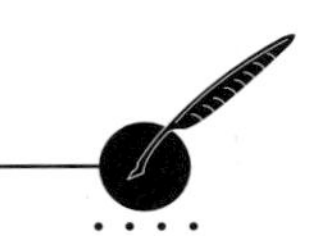

a. Schreiben Sie an den Rand des Bildes alles, was Sie sehen.
   Schlagen Sie unbekannte Wörter im Wörterbuch nach.

b. – Stellen Sie an die Situation möglichst viele W-Fragen: (Was? Wo? Wie lange? ...)
   – Welche Antworten können Sie auf Ihre Fragen geben, was fällt Ihnen dazu ein?

c. – Aus den Wörtern, die Sie gefunden haben, ist Ihnen bestimmt schon eine kleine Geschichte im Kopf entstanden. Notieren Sie sich den möglichen Aufbau der Geschichte, und überlegen Sie, welche Erzählperspektive (Ich-Erzähler oder ...) Sie einnehmen wollen.
   – Schreiben Sie Ihre Geschichte auf. Achten Sie auf einen spannenden Aufbau. Denken Sie an die Satzverbindungen.

2. **Erzählen**

– Erzählen Sie Ihre Geschichte mindestens drei- bis viermal in jeweils wechselnden Kleingruppen.
– Überlegen Sie anschließend gemeinsam: Was ist bei dem mehrmaligen Erzählen mit Ihrer Geschichte passiert?

ZU 14.3 Pflicht und Kür: Sophie auf halbem Weg

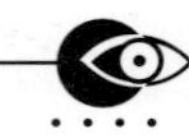

Als Erstes ließ Sophie sich ihre langen Haare abschneiden, obwohl ihre Eltern dagegen waren. Das war nach der Jugendweihe. Seitdem ist ihr sanftes Gesicht unter einer wilden Frisur versteckt, durch die eine sogenannte Straße führt, eine fünf Millimeter breite, zehn Zentimeter lange ausrasierte Strecke am Hinterkopf. Die verbliebenen Haare stehen da, als wollten sie um jeden Preis hoch hinaus. Wie mein Rasierpinsel, bemerkte der Vater etwas hilflos, während die Mutter sich entschloss, die Frisur gut zu finden, denn sie will Sophie nicht im Wege sein auf der Suche nach sich selbst, auch wenn die Suche vorwiegend in ihrem, der Mutter Kleiderschrank, stattfindet, weil man, wenn man jung ist, zur Zeit alles eine Nummer zu groß trägt.

Sophie ist auf halbem Weg. Zu sich hin, von sich weg. Kind sein, nicht erwachsen, erwachsen sein, nicht Kind.

Als sie mit ihrer kleinen Schwester einkaufen ging, hielt ein einsamer angeheiterter Mann sie für eine allein stehende Mutter und sagte hoffnungsvoll „ooch alleene?“, worin das Angebot schwang, dass man sich doch zusammentun könne.

Seh ich so alt aus? Gekränkt nahm Sophie am Abend ihre Lieblingspuppe mit ins Bett.

Mit vierzehn war Sophie auf halbem Weg zur Medizin. Sie desinfizierte die Wohnung, ritzte sich dreimal am Tag in den Oberschenkel, um ihr Blut zu untersuchen, und lief in einem Chirurgenkittel herum. Sophie mit fünfzehn will alles andere werden als Arzt. Sie schwärmt jetzt für das Theater, genauer: für ein Theater. Dort spielt ein Schauspieler, gegen den Robert Redford eine Null ist und dem selbst Dustin Hoffman nicht das Wasser reichen könnte, sofern man ihn, Sophies Schwarm, mit Filmen international stärker herausbringen würde, wie sie sagt. Jeden zweiten Abend sitzt Sophie in feuerrotem Sweatshirt auf dem Rang, um den Schauspieler G. zu sehen; weit weg von Logarithmen und Potenzfunktionen, nicht Pflicht, Kür ist schön, nicht Schule, nein, Theater. In etlichen Aufführungen war sie sechs Mal. Manchmal geht die Mutter mit, denn man soll sein Kind in seinen Neigungen nicht alleine lassen. Wie findest du es, fragt Sophie in der Pause. Gut, sagt die Mutter. Gut, gut, gut, mault Sophie, toll ist das, einfach toll, du bist nicht begeisterungsfähig, die anderen Zuschauer auch nicht, die klatschen und gehen nach Hause, anstatt sich gleich um Karten zu kümmern für die nächste Vorstellung mit G., alles Spießer.

Was ist eigentlich spießig, fragt sie am anderen Morgen darauf ihren Vater. Intoleranz, sagt der, nicht Gartenzwerge und holzgedrechselte Namensschilder: Intoleranz. Also, sagt Sophie, sind Fans Spießer, ja? Ja.

Eigentlich bist du auch spießig. Wieso? fragt der Vater. Na, weil es für dich auch nur die Musik gibt, die du gut findest, und die paar Filme, die dir gefallen. „Kinder lieben zunächst ihre Eltern blind, später fangen sie an, diese zu beurteilen, manchmal verzeihen sie ihnen sogar“ (Oscar Wilde).

Sophie auf halbem Weg zur Erkenntnis. Mit vierzehndreiviertel hatte sie ihren ersten Freund. Kumpel, korrigiert Sophie, Kumpel. Als sie das erstemal im Kinderzimmer zusammen auf dem Sofa saßen, Sophie und der Kumpel, eingerahmt von Plüschtieren und Puppen, weinte die Mutter heimlich. Der Kumpel, ein sehr hoher Junge, mit sehr hohen Haaren über einem sehr hohen Gesicht, kam und wurde bewillkommt, solange Schnee lag. Mit dem Schnee ging auch die Freundschaft zwischen den beiden dahin.

Mir kann doch nichts passieren, hatte sie mit vierzehn gesagt, mir kann nichts passieren, weil ich doch Sophie M. bin. Jetzt ist Sophie fünfzehn und ahnt, dass jedem Menschen was passieren kann. Ihr das mit der Mathematik. Ohne Mathematik keine Hochschulreife in unserem technisch-wissenschaftlichen Zeitalter, da kann einer Klavier spielen können wie Glenn Gould oder schreiben wie Hermann Kant, ohne Potenzfunktionen keine hohe Schule. Sophie beginnt was zu verstehen vom Weg ins Leben.

Neuerdings will sie sich die Haare wieder wachsen lassen. Obwohl die Eltern dafür sind.

1. Lesen Sie den Text, und bearbeiten Sie dabei Aufgabe 2.

Jutta Voigt, aus: Sonntag, Ost-Berlin
In: Die ZEIT 5. 7. 1985

2. Tragen Sie Stichpunkte in eine Tabelle ein:

	Was beschäftigt Sophie innerlich?	Wie ist Sophies Verhältnis zu den Eltern?	Wie verhalten sich die Eltern Sophie gegenüber?
Sophie mit 13			
Sophie mit 14			
Sophie mit 15			

3. Ersetzen Sie die unterstrichenen Satzglieder durch Nebensätze mit den angegebenen Subjunktionen, und/oder ergänzen Sie die angefangenen Sätze.

   a) Gleich nach der Jugendweihe ließ sich Sophie ihre langen Haare abschneiden.
   Sowie die Jugendweihe …
   b) <u>Seitdem</u> ist ihr sanftes Gesicht unter einer wilden Frisur versteckt.
   Seitdem sie sich die Haare …
   c) Als der Vater … ,
   fand er, sie sehe aus wie sein Rasierpinsel.
   d) <u>Mit vierzehn</u> war Sophie auf halbem Weg zur Medizin.
   Als Sophie …
   e) <u>Nach der Medizinphase</u> schwärmte Sophie für das Theater.
   Nachdem …
   f) Sooft Sophie Zeit und Geld hatte, …
   g) Solange die Theaterleidenschaft andauerte, …
   h) Mit dreizehn, vierzehn Jahren hatte Sophie ihren ersten Freund.
   Die Freundschaft hielt, solange …
   i) <u>Mit dem Schnee</u> ging auch die Freundschaft zwischen den beiden dahin.
   Als …
   j) <u>Nach dem Pech mit der Mathematik</u> begann Sophie etwas zu verstehen vom Weg ins Leben.
   Nachdem …
   k) <u>Seitdem</u> will sie sich auch die Haare wieder wachsen lassen, obwohl die Eltern dafür sind.
   Seit …

4. Schreiben Sie über wichtige Entwicklungsphasen in Ihrem Leben.
   Überlegen Sie:

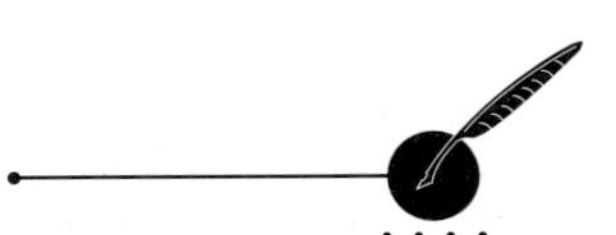

   – Wie war die Ausgangssituation?
   – Welche Ereignisse haben die Entwicklung beeinflusst?
   – Was hat sich verändert?

ZU 14.4 Lebensträume

(Aus einer Fernsehsendung in 3sat, 24. 12. 1994)

Transkription des Hörtextes:

Jacky Altmann, Fotolaborantin

Lebensträume – ist'n sehr schweres Wort, und da hat man tausend Gedanken dazu. Spontan jetzt würde mir einfallen – Lebensträume –, 4 dass man mit dem, was man hat, zufrieden ist, dass man auch nicht die Hoffnung verliert, dass man so lebt, dass man nicht die Hoffnung verliert, weil – Lebensträume, das hat ja auch 8 was mit Hoffnung zu tun und etwas, was man vielleicht nie erreichen kann vor allen Dingen, aber was trotzdem wichtig ist als Anreiz für das Leben – weil, das Leben ist ja sehr schön. 12 Ich träum' von vielen Sachen, ich träum' davon, dass ich mit meiner Arbeit zufrieden sein kann – zufrieden bin, das ist sehr wichtig für mich. Ich träume davon, dass ich zu meiner 16 Mutter ein sehr gutes Verhältnis habe weiterhin –, dass ich gute Freunde habe, das ist sehr wichtig für mich. Und dann gibt's natürlich auch so Träume, die sich nie erfüllen werden, 20 die hab' ich natürlich auch. Das sind dann so die unrealistischen Träume.

●

Leider ist es ja so in der Gesellschaft, dass man – dass man sich ohne Geld nicht das erfül- 24 len kann, was man sich erfüllen kann, wenn man Geld hat: einfach mehr die Möglichkeit haben zu reisen, die Möglichkeit haben, mal ein halbes Jahr nicht zu arbeiten, um einfach mal 28 in der Welt 'n bisschen rumzukommen, zu kucken, was es da noch gibt außerhalb der eigenen Grenzen, die man so hat, ne, zum Beispiel.

●

32 Ich hab' mit fünf Jahren angefangen, Rollkunstlauf zu trainieren, und wollte schon was erreichen, hab' auch dreimal in der Woche - trainiert, die ganzen Jahre hindurch, und hab' 36 auch dann an der Berliner Meisterschaft teilgenommen – und das ist ja praktisch wie Eiskunstlaufen, nur auf Rollschuhen. Und klar, als kleines Mädchen sitzt man dann vorm Fern- 40 seher, kuckt sich dann die großen Eiskunstläuferinnen an, die da die Goldmedaillen gewinnen, und es ist schon 'n Anreiz, ne. Da denkt man sich dann auch: ah, das möcht' ich auch mal 44 werden – oder ich möcht' auch mal im Fernsehen sein und da mit 'ner Medaille auf'm Siegertreppchen stehen. Das war so'n kleiner Traum gewesen, ja. Mit elf Jahren hab' ich aufgehört, 48 weil – meine Interessen haben sich geändert in der Richtung, und es war lang genug gewesen auch. Es war – mir hat es persönlich nichts mehr gebracht, es war einfach nur noch hartes 52 Training gewesen, und die Freude ist mir auch so'n bisschen verloren gegangen, weil – es war auch so – mehr als Berliner Meisterschaft oder DDR-Meisterschaft, darüber gab's ja nichts, ne.

●

56 Drei Wünsche – das ist schwer, phh...: Zufriedenheit, 'ne gute Arbeit, wo man, wenn möglich, sich selbst auch ein bisschen verwirklichen kann und immer – für mich wünsch' 60 ich mir vor allen Dingen, immer kreativ, offen – für alles Neue offen zu sein.

ZU (14.5) Lebenslauf

1. Erich Kästner schildert fast 50 Jahre seines Lebens, eingebettet in die historischen Ereignisse. 1946 fängt er „wieder einmal mit gar nichts von vorne an".

   Nehmen wir an, er bewirbt sich bei einem Verlag um eine Lektorenstelle.
   Wie müsste er seinen Lebenslauf formulieren?
   Denken Sie daran, zeitgeschichtliche Daten und Alltagsdetails haben in einem Lebenslauf für eine Stellenbewerbung nichts zu suchen! Außerdem ist der Stil natürlich ganz anders, nämlich unpersönlicher und sachlicher.

   Zum Beispiel:
   „1917, als schon die ersten Klassenkameraden im Westen und Osten gefallen waren, musste ich zum Militär"

   wird zu:

   „1917 wurde ich zum Militärdienst eingezogen".

So könnten Sie beginnen:

1899 wurde ich als Sohn des Sattlermeisters Emil Kästner und seiner Ehefrau Ida, geb. Augustin, geboren.

2. Stellen Sie die sprachlichen Merkmale der verschiedenen Biografien fest.
   Tragen Sie sie in eine Tabelle ein.

	Schilderung	**Tabellarischer Lebenslauf**	**Ausführlicher Lebenslauf**	**Biografischer Lexikoneintrag**
Kommunikative Intention				
Möglicher Adressat				
Was wird erwähnt?				
Satzbau				
Stil				

ZU 15.3 Gut oder schlecht?

1. **Übung zur Empathie: Aus gut mach schlecht und umgekehrt!**

   Das Bild, das man von sich selber hat (Selbstbild), ist meist positiver als das Bild, das andere von einem haben (Fremdbild), weil man die eigenen Verhaltensweisen erklären und als sinnvoll in einen Kontext einordnen kann.

   Zum Beispiel:
   Die Westdeutschen sagten über die Ostdeutschen:
   „Die versuchen alles zu reparieren, auch dann, wenn das neue Teil billiger wäre."

   Das scheint tatsächlich nicht sinnvoll zu sein, es sei denn, die Schwierigkeiten, einen Ersatz zu bekommen, sind sehr groß.
   Oder:
   Wegwerfen belastet die Umwelt so stark, dass es besser ist, etwas Altes zu reparieren.

   – Unter welchen Umständen ist dasselbe Verhalten sinnvoll bzw. nicht sinnvoll?

   a) Schlange stehen
   b) auf Kredit leben
   c) für das Alter sparen
   d) täglich duschen
   e) so wenig wie möglich tun
   f) einen Hund in einer kleinen Wohnung halten
   g) Müll sortieren

   – Überlegen Sie sich jeweils konkrete Beispielsituationen.

2. **Gut oder schlecht?**
   Welches Adjektiv qualifiziert das Verhalten am besten?

   a) Leute warten in einer langen Schlange an der Bushaltestelle.

   Das ist ☐ diszipliniert ☐ militärisch Oder: ...

   b) Maria bittet ihre Freundin Gabi, ihr für heute Abend Theaterkarten zu besorgen. Gabi sagt: „Tut mir leid, kann ich nicht machen, ich hab' heute einen vollen Terminkalender."

   Das ist ☐ aufrichtig ☐ ungefällig ☐ unhöflich Oder: ...

   c) Wenn mehrere Leute zusammen im Restaurant essen, bezahlt jeder getrennt, was er gegessen und getrunken hat.

   Das ist ☐ praktisch ☐ kleinlich ☐ geizig und korrekt Oder: ...

   d) Im Restaurant teilt man sich die Rechnung, und jeder bezahlt den gleichen Betrag.

   Das ist ☐ ungerecht ☐ praktisch ☐ großzügig Oder: ...

SCHWARZ
WEISS

e) Sie sind für 20 Uhr zum Abendessen eingeladen. Sie kommen 20.20 Uhr an.

Ist das ☐ rechtzeitig ☐ unpünktlich Oder: …

f) Eine Mutter bringt morgens ihr sechsjähriges Kind mit dem Auto zur Schule. Sie hält direkt vor der Schule, um das Kind aussteigen zu lassen. Die Autos hinter ihr warten, bis das Kind seine Siebensachen zusammengesammelt hat und ausgestiegen ist. 30 Meter weiter befindet sich eine Haltebucht.

Das ist
☐ spontan ☐ gedankenlos ☐ rücksichtslos ☐ vorsichtig Oder: …

g) In einer Wohnsiedlung ist Tempo 30 erlaubt. Es sind keine Leute auf der Straße. Ein Auto fährt 30 km/h.

Das ist ☐ trottelig ☐ verantwortungsbewusst Oder: …

Ein zweites Auto kommt von hinten, hupt kurz und überholt das erste Auto mit etwa 60 km/h.

Das ist ☐ unverantwortlich ☐ zügiges Fahren Oder: …

h) Bei einem Fest trinkt ein Mann nur Saft, weil er hinterher mit dem Auto eine halbe Stunde nach Hause fahren muß.

Der Mann ist ☐ ungesellig ☐ vernünftig ☐ unhöflich Oder: …

i) Im Museum sind alle Hinweisschilder und Bilderklärungen in der nur in diesem Landesteil gesprochenen Sprache abgefasst.

Das ist
☐ nationalbewusst ☐ provinziell ☐ kleinkariert Oder: …

j) Jemand fragt einen anderen, den er gerade kennen gelernt hat, wie viel er verdient.

Das ist ☐ indiskret ☐ unhöflich ☐ praktisch Oder: …

3. **Wortschatz: Personen charakterisieren**

Stellen Sie aus der folgenden Liste und aus Ihrem eigenen Wortschatz Adjektive zusammen, die je nach der Betrachtungsweise einen gleichen Sachverhalt „positiv“ oder „negativ“ beschreiben können.

Beispiele:

	(+)	(-)	(-)	(+)
„Pünktlichkeit":	*pünktlich*	*programmiert*	*unpünktlich*	*spontan*
„Umgang mit dem Geld":	*sparsam*	*geizig*	*verschwenderisch*	*großzügig*

angepasst – charakterfest – fleißig – dogmatisch – bieder – sensibel – heimatverbunden – jähzornig – korrekt – nationalistisch – zuverlässig – kleinkariert – romantisch – sauber – treu – rechthaberisch – unselbständig – altmodisch – diszipliniert – tolerant – pedantisch – engstirnig – gleichgültig – ordentlich – spießig – selbstbewusst – patriotisch – traditionsbewusst – emanzipiert

SCHWARZ WEISS

ZU 15.4 Was hat sich geändert?

1. Gespräch mit einem Westberliner (August 1993)

Transkription des Gesprächs:

○ Sag mal, was hat sich in Berlin für dich geändert, persönlich, seit die Mauer weg ist?
4 ● Es treffen viele Mentalitäten aufeinander, viele verschiedene, ja, es ist mehr los in der Stadt, mehr Betrieb, man kann seine alten Sehenswürdigkeiten wieder besich-
8 tigen, die man vorher nicht konnte, vor allen Dingen auch ohne Geld, ohne Geld zu bezahlen, weil man ja die Grenze immer passieren musste, ja, an sich ...
12 ○ Empfindest du diese Veränderungen als positiv, ist es für dich eine Erweiterung, Bereicherung, oder ist es ein bißchen lästig, oft, diese Enge, die jetzt oft herrscht,
16 Hektik ...
● Es ist schon 'ne Bereicherung, aber es ist auch anstrengend, teilweise. Langsam geht es wieder, aber es war 'ne Zeitlang sehr
20 schwer, mit diesen verschiedenen menschlichen Ansichten da übereinzukommen. Es war manchmal so, dass man sich, einander, nicht verstanden hat, weil man eben
24 doch verschiedene Weltansichten hatte.
○ Das hat sich jetzt aber etwas gebessert, man versteht sich etwas besser ...
● Ja, jeder stellt sich auf den andern so'n
28 bisschen ein, und dann, dann klappt es auch.

2. **Angabe der Methode, der Art und Weise**	
Es ist schwer, sich zu verstehen. Wie könnte man das ändern? Beispielsätze: Mit Geduld und Toleranz auf beiden Seiten kommt man sich näher. Durch die Öffnung der Grenze sind auch viele Freundschaften entstanden. Dadurch, dass jeder sich auf den anderen einstellt, klappt die Verständigung besser. Missverständnisse klärt man am besten, indem man miteinander redet.	Sprachliche Mittel: ________ ________ ________ ________

Notieren Sie die verwendeten sprachlichen Mittel zur Angabe der Methode/der Art und Weise in der rechten Spalte. (Zum Unterschied zwischen „mit“ und „durch“ siehe SICHTWECHSEL 3, Arbeitsbuch 26.5.2.)

3. Überlegen Sie:

a) Wie kann man ein Kind erziehen?
b) Wie kann man eine saubere Weste behalten?
c) Wie ist eine Ihnen bekannte Persönlichkeit zu ihrem Reichtum gekommen?
d) Wie kommt man anständig durchs Leben?
e) Wie fängt die Katze die Mäuse?
f) Wie hält man sich in Form?
g) Wie angelt man sich eine reiche Frau / einen reichen Mann?

ZU 15.5 Interview: Die Wende

Das Interview mit einer Ostberlinerin fand im November 1993 statt.

Transkription des Interviews:

○ Frau Schmidt, seit vier Jahren hat sich das Leben hier sehr verändert in Berlin, seit der Wende. Könnten Sie uns vielleicht mal sagen, was das für Sie persönlich bedeutet hat?

● Na ja. Das Jahr 89, sagen wir mal, 89/90, in dieser Zeit gab's nun wirklich einschneidende Veränderungen. Ich glaube, das griff in das Leben aller, oder doch fast aller, ein. Abgesehen davon, dass die Grenze geöffnet wurde, das gab ein anderes Lebensgefühl, das muss ich sagen, das war durchaus 'ne ganz erstrebenswerte und angenehme Sache. Aber es änderte sich der Inhalt unseres Lebens gewaltig. Ich war selbst mit beteiligt im Schriftstellerverband, wo ja die ... eine Reihe oppositioneller Leute zusammenkamen, besonders konzentriert war. Da war ich beteiligt an der Mühe, irgendwelche Veränderungen herbeizuführen. Wir wollten den Sozialismus reformieren. Wir wollten ihn nicht abschaffen, aber die Entwicklung ging über uns hinweg. Und dass es keine Möglichkeit einer Reformierung gab, mussten wir im Laufe der Zeit dann auch erkennen. Das haben wir erst langsam begriffen in dem Maße, wie wir Materialien, neue Materialien zur Kenntnis nehmen konnten. Vor allen Dingen Fragen der Ökonomie spielten da eine große Rolle, und so genau waren wir bis dahin nicht informiert über die ökonomische Lage dieser DDR.

◆

Ja. Was dann über uns kam, war also der ganz gewöhnliche Kapitalismus, und den kannten wir theoretisch, zum Teil auch schon aus eigener Erfahrung. Ich habe ja noch, also wenn ich jetzt von mir sprechen kann, ich habe ihn ja noch als junges Mädchen erlebt, allerdings in seiner unangenehmsten Form, in der Zeit des Faschismus und des Krieges. Das ist nicht das Normale gewesen, und inzwischen waren viele Jahrzehnte vergangen, und es hat in dieser Zeit natürlich auch eine Entwicklung des Kapitalismus gegeben. Sagen wir, des Kapitalismus in Deutschland, und das bedeutete auch eine demokratischere und liberalere Form als die, die ich je kennen gelernt hatte.
Ja. Aber darin sich zurecht zu finden, war nicht ganz einfach. Es ging vieles für mich persönlich verloren von dem, was ich zu meinem Lebensinhalt zählte. Und ich habe einfach eine Möglichkeit dann ergriffen, mich zu betätigen, sinnvoll zu betätigen. Ich war eigentlich schon Rentnerin, ich war invalidisiert worden, war aber inzwischen so weit

Vorher

feindl

wieder hergestellt, dass ich ohne weiteres wie-der arbeiten konnte. Der Arzt hatte keinerlei Einwände. Er sagte, alles was ich, was mir Freude macht, kann ich auch tun. Und dann waren eben die sowjetischen, die jüdischen Emigranten aus der Sowjetunion da und baten ganz dringlich um Deutschunterricht. Und ich dachte mir, machst du ein bisschen Deutschunterricht, dann hast du eine vernünftige Aufgabe, hilfst den Leuten und … Na ja.

◆

Inzwischen ist das dann ein Unternehmen geworden, wie Sie es hier sehen, mit immerhin nahezu 300 Teilnehmern im Moment. Das ist der Höchststand vom letzten Winter gewesen, den haben wir jetzt schon wieder erreicht, und wie es aussieht, wird die Zahl noch weiter steigen. Das hatte ich eigentlich nie vor, ich wollte niemals Unternehmerin werden, bin es aber nun geworden und musste mit all den Schwierigkeiten, die die Leitung eines solchen Unternehmens also mit sich bringt, zurechtkommen. Und das war eine harte Arbeit. Ich habe viel falsch gemacht, viel Lehrgeld bezahlt, bares Geld, ja, aber ich denke, jetzt ist daraus eine relativ stabile Schule geworden. Relativ, weil man sowieso nicht in dieser Zeit sagen kann, etwas hat wirklich Bestand. Also man muss sehen, wie die allgemeine Situation sich entwickelt. Wenn die allgemeine Lage besser wird, wird auch diese Schule stabiler werden.

◆

So. Damit habe ich mir einen Gefallen getan, indem ich also eine vernünftige Arbeit gefunden habe, eine Aufgabe, und ich habe viele Leute heranziehen können, die in der gleichen Situation waren wie ich, die das sehr gut fanden, nicht nach Geld gefragt haben, sondern einfach erst einmal nach der Aufgabe, und das war eine nützliche, für alle Beteiligten nützliche Sache, nicht nur für die Teilnehmer, sondern auch für die, die das Ganze betrieben haben.

○ Dann haben Sie also diese ganze Sache ganz toll gemeistert, eigentlich, nicht?

● Na ja. Ob das so toll war, weiß ich nicht, aber gemeistert irgendwie schon, ja. Nichtsdestotrotz sind natürlich auch eine Reihe nicht so angenehmer Erscheinungen mit der Veränderung nach 89 verbunden. Das Schlimmste, was uns eigentlich widerfahren ist und was auch so bald nicht ausgeräumt sein wird, ist, dass wir als DDR-Bürger nicht für so gut, ordentlich, gebildet und sonst was, kulturvoll, gehalten wurden und werden wie Leute aus den alten Bundesländern. Das ist eine ganz, na, wie soll ich sagen, tief im Innern sich festsetzende Erfahrung. Daran, also da, wie soll man sagen, das trifft sehr viele, und es trifft sehr hart. Es ist eine Form der Diskriminierung, die man nicht so ohne weiteres überwindet. Ich denke aber, dass wir hier in dieser Schule doch zeigen konnten, dass wir Fachleute sind, dass wir etwas leisten können und dass wir bei allem Unternehmertum, das damit verbunden ist, doch eine gewisse soziale Ausrichtung unserer ganzen Arbeit nicht vernachlässigen. Wir versuchen doch, sozial zu denken, so wie wir es bisher gehandhabt haben, und soziale Probleme auch irgendwie zu mildern oder zu beseitigen.

○ Danke schön!

Nachher (Berlin Alexanderplatz)

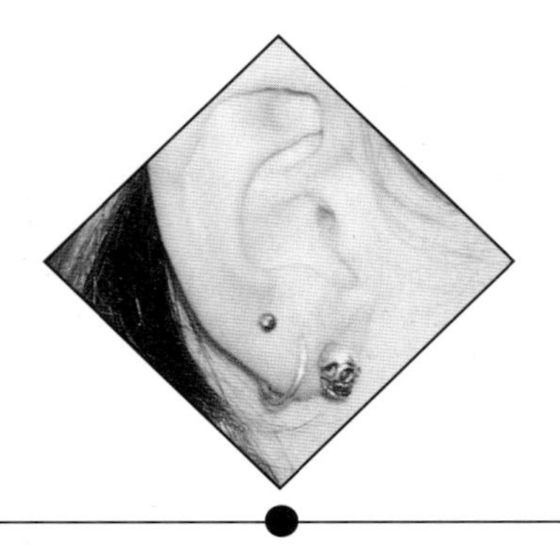

LERNBERATUNG: Hören

In der natürlichen Hörsituation ist Verstehen meist viel leichter als im Unterricht: Die Situation, die Mimik und Gestik unseres Gesprächspartners, die Möglichkeit nachzufragen – all das hilft uns. Und selbst wenn wir niemanden fragen können, kann man sich durch den Kontext, die Situation, zumindest denken, worum es geht: bei Lautsprecheransagen im Kaufhaus wahrscheinlich um Sonderangebote, Preise u. ä., bei Lautsprecheransagen im Bahnhof um Zugansagen. Normalerweise versuchen wir auch gar nicht, jedes Wort zu verstehen, sondern hören ganz „nach Interesse“ mehr oder weniger gut zu: Beim Wetterbericht reicht uns meist die globale Information „Wetter bleibt gut“, Kinoansagen im Telefon hören wir selektiv: die Aufmerksamkeit springt in dem Moment an, wo der Name des Films fällt, den wir sehen möchten, und wenn wir wissen wollen, ob wir im Lotto gewonnen haben, achten wir ganz genau auf jede Zahl.
Hörtexte im Unterricht sind viel schwerer, weil sie meist kontextlos sind, also alle Elemente fehlen, die uns normalerweise das Verstehen erleichtern. Das Wichtigste ist also, dass wir versuchen, uns diesen Kontext zu schaffen, d. h. uns die Situation vorzustellen und vor dem Hören zu überlegen, worum es in dem Text gehen könnte.
Für die beiden Hörtexte in diesem Teil hatten Sie vorher schon viele Informationen: aus den Texten und Bildern im Buch und/oder aus Ihren eigenen Erfahrungen. Mit diesem Vorwissen hat sich das, was Sie gehört haben, zu einem Sinnzusammenhang verbunden: Sie verstehen, auch wenn Sie nicht jedes Wort verstehen.

Beim ersten Text wussten Sie schon vor dem Hören, dass es um die Schwierigkeiten der Berliner geht, sich zu verstehen. Deshalb haben Sie sich beim Hören nur darauf konzentriert, den Rest überhört – Sie haben also *selektiv gehört.* Überlegen Sie: Welche sprachlichen Signale haben Ihre Aufmerksamkeit geweckt?

Beim zweiten Text ging es zunächst um *globales Verstehen*, d. h. den roten Faden, Sie haben also nicht auf Einzelheiten geachtet. Hat Ihnen die Themenliste geholfen, diesen Faden zu finden? Wenn ja, warum? Beim zweiten Hören hatten Sie praktisch schon ein Gerüst, in das Sie Detailinformationen einordnen, d. h. verstehen konnten. Überlegen Sie: Wozu dient das Mitschreiben von Stichpunkten beim Hören?

Wenn Ihnen im Unterricht nicht genügend Hilfen gegeben werden, versuchen Sie – bevor Sie einen Text hören –, sich den jeweiligen Kontext herzustellen.
Folgendes Vorgehen kann Ihnen dabei helfen:

Vor dem Hören

- Sammeln Sie alles, was Sie über das Thema wissen.
- Stellen Sie Fragen an das Thema (W-Fragen).
- Machen Sie sich eine Stichwortsammlung, die Sie beim Hören abhaken können.
- Stellen Sie auf Grund Ihres Wissens oder Ihrer Erfahrungen Hypothesen über „ … “ in Deutschland (in Österreich/in…) auf.

Beim Hören

- Hören Sie den Text zunächst global. Dabei sind die Einzelheiten unwichtig, es kommt nur darauf an, dass Sie verstehen, worum es geht. Notieren Sie die wichtigsten Punkte beim oder nach dem Hören.
- Beim zweiten und dritten Durchgang (eventuell in Abschnitten) ergänzen Sie die Informationen zu den einzelnen Punkten. Es ist aber nicht nötig, dass Sie jedes Wort verstehen.

ZU 15.7 Wortschatz: Personen charakterisieren

1. Bitte vervollständigen Sie anhand des Textes auf S. 54f. das in Arbeitsbuch 15.3.2 und 15.3.3 erarbeitete Vokabular zur Charakterisierung von Personen. Verbinden Sie diejenigen Adjektive im Text mit einer Klammer, die ähnliche Charaktereigenschaften ausdrücken (Synonyme).

   Beispiel:
   grundgut (Z. 6)
   zu keiner Bosheit fähig (Z. 7)

2. Was bedeutet im Text:

   – unter seinesgleichen sein (Z. 22)
   – jemanden geradezu lieben (Z. 24)
   – das wird ihm nichts ausmachen (Z. 31)
   – aus seiner eigentlichen Umgebung herausgerissen sein (Z. 38)
   – ich geniere mich (Z. 41)
   – das kommt vor (Z. 46)
   – das läuft so mit unter (Z. 51/52)

3. Suchen Sie alle Ausdrücke, mit denen die Sprecherinnen etwas betonen, eindringlich formulieren und mit denen sie etwas abschwächen.

eindringlich formulieren	abschwächen
– sag mal ehrlich …	– glaube ich …

4. **Stimme und Körper**

   Suchen Sie sich in Partnerarbeit ein anderes, sehr persönliches Gesprächsthema. Führen Sie dieses Gespräch, und benutzen Sie die bei 3. notierten Redemittel.

5. **Selbstbild – Fremdbild**

   – In Deutschland gelten die Berliner als frech. Die Berliner halten sich selbst nicht für frech, sondern für witzig und schlagfertig.
   – Es heißt, die Rheinländer seien geistig beweglich, aber nicht sehr zuverlässig. Sie selber finden sich pfiffig und flexibel.
   – Die Bayern gelten als grob. Sie selbst meinen, sie seien ehrlich und herzlich.
   – Über die Schwaben wird gesagt, sie würden immer nur arbeiten und seien geizig. Die Schwaben selbst bezeichnen sich aber als sparsam und fleißig.
   – Die Süddeutschen sagen über die Norddeutschen, sie seien wortkarg. Die Norddeutschen sagen nichts dazu …

   Erzählen Sie von den Unterschieden in Ihrem Land.

ZU 16.3 „Logische“ Verknüpfungen: Konnektoren

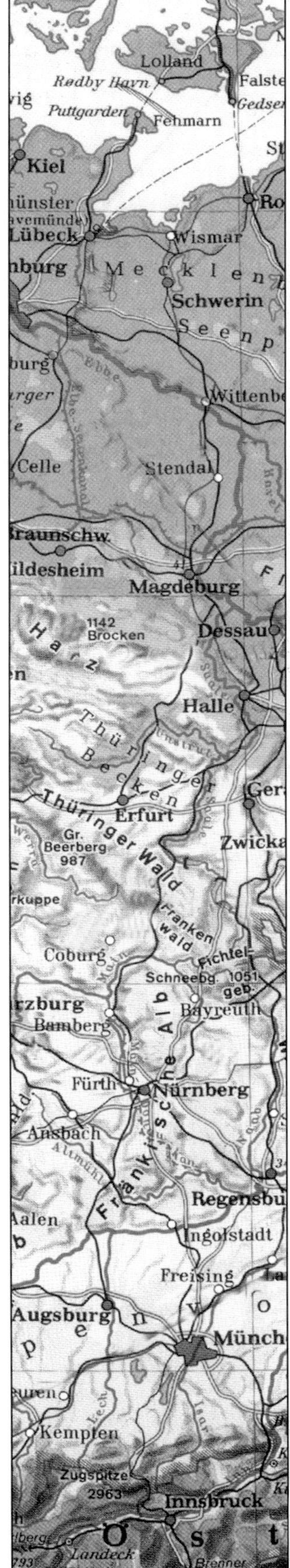

1. Wie interpretieren Sie die folgenden Äußerungen?
   Achten Sie auf die „logischen“ Verbindungen, die durch die Konnektoren (Konjunktionen, Subjunktionen, Adverbialpronomen, Partikeln) ausgedrückt werden.

   a) Mieter: Ja, Herr Banke, nett, dass Sie mal vorbeikommen. Darf ich Ihnen einen Cognac anbieten?
      Vermieter: Ja gern, aber ich habe etwas Ernstes mit Ihnen zu besprechen.
   b) Morgen kommt meine Schwiegermutter zu Besuch, aber sie ist ganz nett.
   c) Wir haben uns halbtot gelacht, dabei haben wir keinen Schluck getrunken.
   d) Er hat gestern den ganzen Tag den Mund nicht aufbekommen. Dabei weiß ich gar nicht, was ich ihm getan haben soll.
   e) Wenn du noch einkaufen willst, musst du dich beeilen, es ist nämlich schon Dreiviertel sechs.
   f) Siehste, Hans-Dieter hat jahrelang studiert, und trotzdem verdient er auch nicht mehr als ich.
   g) Ach, entschuldigen Sie, aber ich glaube, ich habe Ihnen noch gar nicht die Hand gegeben.
   h) Jetzt guck dir doch mal diesen ungepflegten Garten an, und das wollen gebildete Leute sein!
   i) Setz dich nicht so hin, du bist doch schließlich 'n Mädchen!
   j) Mich haben sie in München nachts um zwei aus dem Bett geholt, nur weil jemand ein bisschen an mein Auto gefahren ist. (Spanier)
   k) Ein Afghane stellt seinen deutschen Freund vor:
      „Und das ist mein Freund Hans. Er studiert auch hier in Marburg, aber seine Eltern wohnen in Hamburg.“
   l) Nimm doch noch ein Stück Kuchen, oder schmeckt er dir nicht?
   m) Wir müssen geh'n, es ist ja schon zehn.
   n) Ich habe heute Spaghetti gemacht, die Kartoffeln sind ja so teuer im Moment.
   o) Ich finde es unmöglich, wie die Böhnke mit diesem Mann getanzt hat, wo die doch verheiratet ist.
   p) Ja, legen Sie das Jackett ruhig ab, und fühlen Sie sich ganz zu Hause.

2. Welche „logische“ Beziehung kann zwischen den Aussagen a – l auf der nächsten Seite bestehen?
   Verdeutlichen Sie diese Beziehung durch verschiedene passende Konnektoren (Seitenverweise auf die verschiedenen Grammatikkapitel im Arbeitsbuch finden Sie im Schlagwortregister auf S. 161).
   Fügen Sie eventuell andere Adverbien, Negationswörter oder Modalpartikeln hinzu, um die Aussage zu verstärken.

   Beispiel:
   Er kommt aus München. Er ist ganz nett.

   ➤ Mögliche Lösung a): *Er ist ganz nett, obwohl er aus München kommt.*
   (Interpretation: Der Sprecher lebt in einem soziokulturellen Umfeld mit Vorurteilen gegen Münchner.)
   ➤ Mögliche Lösung b): *Er ist nett, und er kommt aus München.*
   (Interpretation: Vorurteilsfreie Beschreibung der Person.)
   ➤ Mögliche Lösung c): *Da er aus München ist, ist er ganz nett.*
   (Interpretation: Der Sprecher lebt in einem soziokulturellen Umfeld mit dem – positiven – Vorurteil, Münchner seien sehr nett, offen und entgegenkommend.)

a) Inge ist unverheiratet. Sie möchte ein Kind.
b) Es ist Sonntag. Peter geht in Jeans und Pullover spazieren.
c) Mark ist zwanzig. Er lebt zu Haus.
d) An jedem Tisch saßen ein oder zwei Personen. Ich suchte mir ein anderes Restaurant.
e) Renate wird morgen fünfzehn. Im Sommer zeltet sie mit ihrem Freund.
f) Sie hatten mich zum Abendessen eingeladen. Es gab belegte Brote.
g) Die Abfahrt war für 9 Uhr angesetzt. Um halb 10 ging's dann los.
h) Bei dem Zusammenstoß gab es einen leichten Blechschaden. Die Fahrer verständigten die Polizei.
i) Er verdient nicht schlecht. Er fährt einen VW Polo.
j) Du kannst ihn anrufen. Es ist halb 11.
k) Sabine will Ernst nicht heiraten. Ernst ist ein solider, anständiger junger Mann.
l) Frau Müller ist berufstätig. Sie hat drei Kinder.

3. Überlegen Sie sich weitere Beispielsätze für verschiedene soziokulturelle Perspektiven und Werte, die durch die entsprechenden Satzverbindungen ausgedrückt werden.

4. Machen Sie sich ein Schema nach dem folgenden Muster. Tragen Sie Ihre Sätze in die linke Spalte des Schemas ein, markieren Sie den Konnektor, und schreiben Sie in die rechte Spalte die Interpretation Ihres Satzes.

Ihr Satz	Interpretation

ZU 16.4 Interview: INKUBI – Ratschläge für Reisende

1. Transkription des Interviews:

(Frau Thomas ist Mitarbeiterin von INKUBI an der Gesamthochschule Essen.)

○ Frau Thomas, was ist INKUBI eigentlich?
● INKUBI ist eine Einrichtung, die versucht, Menschen zu helfen, die zum Umgang mit Menschen anderer Kulturzugehörigkeit etwas erfahren wollen, die zu tun haben mit Menschen aus anderen Kulturen und wissen möchten, wie sie sich da verhalten müssen.
○ Hmhm. Wie ist diese Einrichtung entstanden?
● Sie ist gegründet worden 1990 von, aus der Idee heraus, dass man sehr viele Fehler machen kann, wenn man im Ausland ist, wenn man sich falsch verhält oder wenn man denkt, dass das Verhalten, was in Deutschland richtig ist, im Ausland auch zwangsläufig richtig sein muss. Das entstand zum Teil aus persönlicher Erfahrung, dass die Mitarbeiterinnen längere Zeit Auslandserfahrung hatten in verschiedenen Ländern und dort vielleicht selbst Fehler gemacht haben. Auch, dass ihnen viele Leute begegnet sind, die Fehler gemacht haben und die dadurch Probleme bekamen.
○ Hmhm. Wir sehen hier eine Menge Broschüren zu allen möglichen Ländern. Woher bekommen Sie all diese vielen Informationen?
● Also die, der Großteil der Informationen ist aus Reiseführern zusammengesetzt. Em, wir bekommen auch viele spezielle Informationen von Informanten, also wir haben 'ne ganze

Kartei von Leuten, zum Teil Ausländer, die in Deutschland leben und dadurch selbst auf ihre eigene Kultur aufmerksam, bewusst gemacht wurden, und andererseits Deutsche, die längere Zeit im Ausland gelebt haben und dort Erfahrungen gemacht haben und die uns dann auch bei einzelnen, bestimmten Problemen weiterhelfen können.

○ Hmhm. Und was für Leute rufen hier an oder kommen hierher?

● Also die größte Gruppe sind die Touristen, die in andere Länder fahren und sich vorher erkundigen möchten: Was muss ich da beachten, was kann ich da falsch machen? Vor allem Leute, die Einzelreisen machen und Kontakt zu Land und Leuten suchen, bewusst. Die zweite große Gruppe sind die Geschäftsreisenden, die Geschäftsverhandlungen mit Ausländern haben oder im Ausland haben und dort natürlich auf keinen Fall was falsch machen möchten, um die Geschäftsverhandlungen nicht zu gefährden. Dann ist eine weitere Gruppe Leute, die Beziehungen haben mit Menschen aus anderer Kulturzugehörigkeit, und sobald es Probleme in der Beziehung gibt, möchten sie natürlich auch wissen, ob die auf die andere Kulturzugehörigkeit zurückzuführen sind.

○ Ja, da Sie gerade von Problemen sprechen: Welches sind denn so die wichtigsten Probleme, die an Sie rangetragen werden?

● Also die meisten Anfragen heißen wirklich nur: Bitte informieren Sie mich zu folgendem Land. Und da kommen dann nicht so spezielle Fragen. Wenn es zum Beispiel um Beziehungsprobleme geht, dann ist es oft so, dass Leute, die hier in Deutschland längere Zeit gelebt haben, den deutschen Lebensstil eigentlich akzeptiert haben für sich, und es erst dann zum Problem kommt, wenn sie wieder in ihr Heimatland zurückkommen.

○ Ah, ja ...

● Oder wenn sie wieder mit ihrer Familie in Kontakt treten. Wenn die Familie noch da lebt. Also, es kommt sehr oft vor, dass Deutsche, die mit Ausländern verheiratet sind, das erste Mal mit dem Ausländer in sein Heimatland fahren und er sich dort auf einmal ganz anders verhält, als er sich hier verhalten würde, dass er wieder völlig in die andere Kultur zurückfällt und der Deutsche oder die Deutsche dann damit nicht mehr klar kommt.

○ Hmmh. Welche Bereiche betrifft das besonders? Verhalten innerhalb der Familie oder ...

● Verhalten innerhalb der Familie, ja. Dass es zum Beispiel deutschen Frauen oft so geht, daß sie 'ne sehr harmonische und sehr gleichberechtigte Beziehung haben in, hier, in Deutschland, wenn sie hier sind, aber sobald sie zum Beispiel, wenn sie einen islamischen Partner haben, der sich hier relativ deutsch, sagen wir mal, verhält, aber dann zu Hause wieder in seine Tradition zurückfällt, und der starke Teil sein muss, und die Frau sich dann unterdrückt fühlt oder zurückgesetzt oder so was.

○ Ja. Was für Ratschläge könnten Sie eigentlich so ganz allgemein aus Ihrer Erfahrung geben, wenn man ins Ausland fährt: Was man tun sollte, auf keinen Fall tun darf oder...

● Man sollte sich auf jeden Fall zurückhaltend verhalten. Also man darf auf keinen Fall annehmen, dass das Verhalten, was in Deutschland richtig ist, im Ausland auch zwangsläufig richtig ist. Sondern man sollte halt das eigene Verhalten in Frage stellen. Oder auch, wenn man mit Leuten in Kontakt kommt, von vornherein sagen, ich weiß nicht, wie ihr das machen würdet. Ich würde mich in Deutschland so verhalten, aber wenn's nicht richtig ist, dann sagt mir das bitte.

○ Also Sie würden auf jeden Fall dazu raten, Probleme zu thematisieren, vorbeugend.

● Vorbeugend, ja, auf jeden Fall es anzusprechen. Das sollte man schon tun. Denn das mindert auch die Aggression vielleicht, die von der anderen Seite kommen könnte, wenn man mit der Selbstverständlichkeit hingeht, ich mach's richtig. Dann wird einem auch, na, halt gesagt, du hast es falsch gemacht, und dann hat man vielleicht 'ne Chance vertan ... Also ich denke, man sollte sich immer vorsichtig und zurückhaltend verhalten und erstmal die Leute beobachten und sehen, wie die das machen. Aber man kann natürlich auch keine großartigen Ratschläge geben: Mach es so, oder mach es so, sondern man kann nur das Bewusstsein eigentlich fördern, dass es falsch verstanden werden kann. Und dieses Bewusstsein ist das Wichtigste, denke ich, und damit beugt man schon den meisten Missverständnissen vor.

○ Vielen Dank!

2. **Verhalten im Ausland**
Wie verhält man sich also im Ausland am besten? Geben Sie Aussagen des Interviews und eigene Schlussfolgerungen mit folgenden Ausdrücken wieder:

Man sollte …
Man darf nicht …
Man muss …
Man braucht nicht …
Es gehört sich nicht, …
Es wird nicht gern gesehen, …

3. **Reiseknigge**
Freiherr von Knigge, 1752–1796, schrieb einen Ratgeber „Über den Umgang mit Menschen", der der Ausgangspunkt einer langen Reihe von sogenannten Benimmbüchern wurde. Heute gibt es auch immer mehr „Reiseknigges", um sich über Sitten und Gebräuche in fremden Ländern zu informieren.

Schreiben Sie einen „Reiseknigge" für Deutsche, die als Touristen oder Geschäftsleute in Ihr Land kommen. Was sollten die Deutschen beachten bei:

- Besuchen (Einladungen)
- Essen
- Kleidung
- Gesprächen (Womit beginnt man Gespräche? Worüber darf man nicht reden?)
- Zeiteinteilung
- Verhalten in der Öffentlichkeit
- Verhalten als Gast in einer Familie
…

4. **Imperative und Funktionen**
a. In welchen Kontexten (Wer, wann, wo, mit wem?) gebraucht man diese Imperative?
Ordnen Sie jeder Imperativform mindestens eine Funktion zu.

Imperativ	**Sprechhandlung**
1. Vergessen Sie nie, die Hand zu geben!	
2. Werfen Sie keine Batterien weg!	befehlen
3. Mach die Tür zu!	
4. Sitz! ________	auffordern
5. Gib Pfötchen!	
6. Komm nicht zu spät!	ermahnen
7. Schreib mir doch mal!	
8. Komm doch mal vorbei!	raten
9. Nehmen Sie bitte Platz!	
10. Bring mir bitte Zigaretten mit!	wünschen
11. Lass uns doch mal ganz alleine wegfahren!	
12. Machen Sie sich bitte frei!	bitten
13. Nimm Geld mit!	
14. Zieh dich warm an!	empfehlen

b. Wer sagt was zu wem?
Beispiel: (Sitz!)
Herrchen sagt zu seinem Hund, er soll sich setzen.
(Der Hund soll sich setzen.)

Der Arzt sagt zum Patienten, …

Imperativische Sätze drücken selten Befehle aus, viel öfter ermahnen sie, raten, wünschen, bitten, fordern auf usw. Zur Wiedergabe eines Imperativs wird das Verb „sollen" gebraucht.

Gran Canaria ist nur eines von 86 Condor Urlaubszielen.

Ihr Wecker sagt, wann Sie aufstehen sollen. Ihr Freund sagt, was Sie kochen sollen. Und die Wetterkarte sagt Regen. Also fliegen Sie mit Condor nach Gran Canaria und sagen selber mal, wo es langgeht.

5. **Sollen – müssen – dürfen**
nicht sollen – nicht müssen – nicht dürfen – nicht brauchen

Ergänzen Sie mit Aufforderungen und Verboten, die Sie kennen:

a) Die Mutter sagt:
Wasch dich!
Putz dir die Zähne!
Zieh nicht das Hemd mit den Flecken an!
...

b) Der Lehrer sagt:
Red nicht!
Pass auf!
Sitz still!
Lauf nicht rum!
...

c) Im Religionsunterricht hört man:
Lüg nicht!
Tu nicht deine Hände unter die Bettdecke!
Gehorche!
...

d) Die Gesellschaft fordert:
Arbeite!
Konsumiere!
Funktioniere!
...

6. Machen Sie weiter:

- Die Mutter sagt dem Kind, es soll sich waschen.
...
- Der Lehrer sagt dem Schüler, er soll nicht aus der Reihe tanzen.
...
- Der Pfarrer sagt, man soll nicht lügen.
...
- Die Gesellschaft sagt, man soll sich anpassen, man soll arbeiten, ...

- Das Kind gehorcht nicht. Es wird bestraft: mit Schimpfen, Schlägen, Liebesentzug, Ausschluss. Es bekommt Angst vor Strafen.
So lernt es:
Wenn die Mutter sagt, ich soll mich waschen, dann muß ich mich waschen, sonst gibt's Strafe.
Wenn sie sagt, ich soll mich nicht schmutzig machen, dann darf ich mich nicht schmutzig machen, sonst ist sie sauer.
Wenn ...

- Der Mensch ist jetzt „zivilisiert":
Er weiß jetzt, was man tun muss und was man nicht tun darf:
Man muss sich waschen.
Man darf nicht mit den Fingern essen.
Man ...

sollen	Jemand sagt, wünscht, rät, dass S (Subjekt) etwas tut (indirekter Imperativ). Wer dieser „jemand" ist, wird aus dem Satz oder der Situation klar.
müssen	Es ist notwendig, obligatorisch oder eine Pflicht, dass S etwas tut.
dürfen	Erlaubnis von jemandem oder einer Instanz, etwas zu tun.
nicht dürfen	Verbot, etwas zu tun, oder etwas ist nicht angemessen bzw. nicht richtig.
nicht brauchen	Es ist nicht nötig, etwas zu tun.

7. Analysieren Sie:

Wer ist in den folgenden Sätzen die nicht erwähnte Person, die etwas wünscht, sagt, rät?
Beispiel: *Soll ich dir helfen?*
Lösung: *Du wünschst etwas: Willst du, dass ich dir helfe?*

a) Schüler zur Lehrerin: Was sollen wir bis morgen machen?
b) Schüler zu Klassenkamerad: Was sollen wir bis morgen machen?
c) Ich soll meiner Mutter das Kleid aus der Reinigung holen.
d) Du sollst nicht töten.
e) Du sollst mich nicht dauernd stören.
f) Chef zur Sekretärin: Sagen Sie bitte Herrn Müller, er soll mir die Bilanz bringen.
g) Was soll ich bloß machen?
h) Ich weiß nicht, ob ich einen Mantel oder eine Jacke mitnehmen soll.
i) Sekretärin zum Stellenbewerber: Sie sollen auch noch bitte den Wehrpass beilegen.
j) ○ Das war aber nicht richtig!
   ● Ja, was hätte er denn sonst sagen sollen?
k) Der Kurt soll mal nicht so angeben, was der kann, kann ich schon lange.
l) Meine Kinder sollen es mal besser haben als ich.
m) ○ „Lassen Sie Heribert doch aus dem Spiel!"
   ● „Sie sind witzig, irgendeiner nimmt mir meine Frau weg, und ausgerechnet den soll ich aus dem Spiel lassen." (Aus: Heinrich Böll, Ansichten eines Clowns)
n) Was soll denn diese Übung?

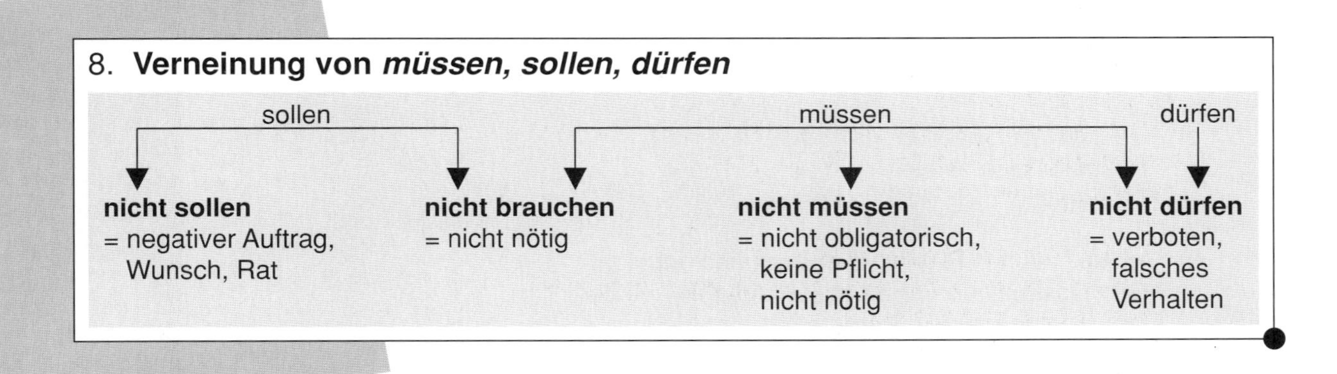

a) ● Soll ich dir helfen? ○ Nein, danke, ______________________ .

b) ● Mußt du schon gehen? ○ Nein, ______________________ .

c) ● Ich habe den Hund reingelassen. ○ Warum denn? Ich hatte dir extra gesagt, du __________ ihn nicht reinlassen.

d) ● Musst du das denn unbedingt machen? ○ Nein, ich __________ nicht, aber ich will.

e) ● Ich möchte ein weiches Ei. ○ Dann __________ es __________ länger als drei Minuten kochen, sonst wird es hart.

f) ● Ich glaube, du _____________ ihn doch lieber nicht heiraten (KII).

g) ● Haben wir genug Geld im Haus? ○ Ja, du _____________ keins holen.

h) ● Soll ich dich vorher noch einmal anrufen? ○ Nein, das _____________ du nicht, du kannst kommen, wann's dir passt.

i) ● Sie _____________ nicht meinen, dass das so einfach ist.

j) ● Mein Sohn macht keinen Finger krumm! ○ Sie hätten ihn eben nicht immer von vorn und hinten bedienen _____________ .

k) ● Sagen Sie bitte meiner Frau, dass sie nicht mit dem Essen auf mich warten _____________ .

9. Was könnte vorher und/oder nachher noch gesagt werden?
Betten Sie jeden Satz in einen Minidialog ein.

Beispiel:
Satz 1: Er soll nicht kommen.
○ *Kommt der Chef auch?*
● *Nein, der soll nicht kommen, das ist doch eine Gewerkschaftsversammlung.*

Satz 2: Er muss nicht kommen.
○ *Kommt Herr Kuhn auch?*
● *Nein, der muss nicht kommen, der hat ja noch Urlaub.*

Satz 3: Er braucht nicht zu kommen.
○ *Soll ich Peter noch Bescheid sagen, dass er uns hilft?*
● *Nein, der braucht nicht zu kommen, wir schaffen das alleine.*

a) 1 Du sollst dich beeilen.
2 Du musst dich beeilen.
3 Du brauchst dich nicht zu beeilen.

b) 1 Ich soll meinen Bruder vom Flughafen abholen.
2 Ich muss meinen Bruder vom Flughafen abholen.
3 Ich brauche meinen Bruder nicht vom Flughafen abzuholen.

c) 1 Du sollst ihn um 10 anrufen.
2 Du musst ihn um 10 anrufen.
3 Du darfst ihn nicht nach 10 anrufen.

d) 1 Der soll mal ein bisschen mehr für die Schule tun.
2 Er muss mehr für die Schule tun.
3 Er darf sich eben nicht immer nur auf sein Glück verlassen.

e) 1 Soll ich dich nach Haus bringen?
2 Darf ich dich nach Haus bringen?
3 Muss ich dich nach Haus bringen?

10. **Meine Spielräume**

Meine Wünsche:
Ich möchte (gern) (mal) ...
Meine Absichten und Pläne:
Ich will ...
Meine Möglichkeiten und Freiheiten:
Ich kann ...
Meine Zwänge und Bedürfnisse:
Ich muss ...
Meine Aufgaben und Pflichten:
Ich muss ...
Nicht erlaubt oder unangebracht:
Ich darf nicht/kein ...
Nicht notwendig:
Ich brauche nicht/kein ...
Was andere mir immer sagen:
Ich soll (nicht) ...
Was ich mir selber öfters sage:
Ich sollte (nicht) ...

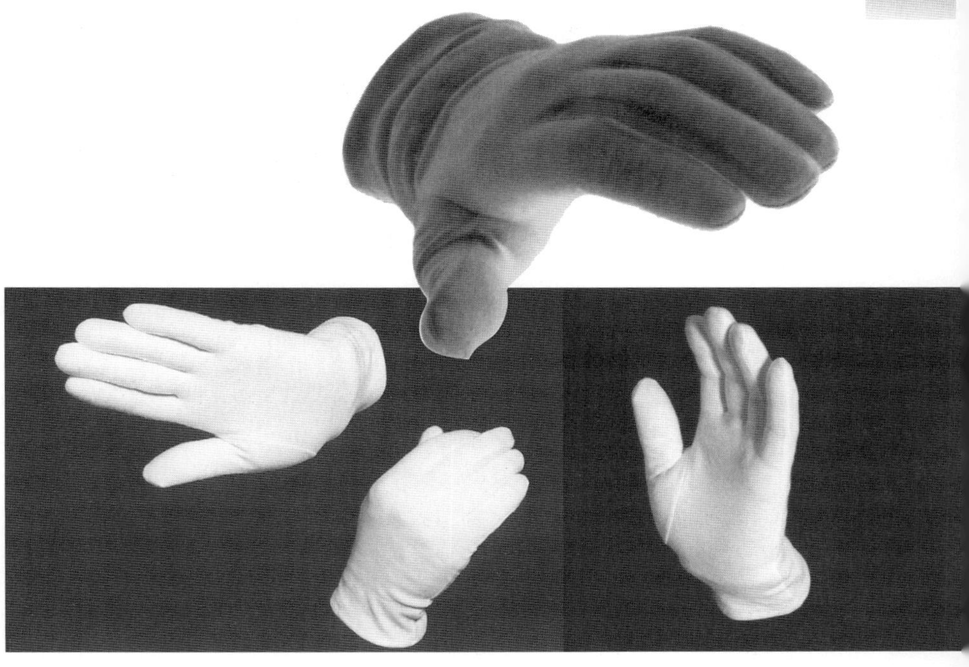

11. **Stimme und Körper: Die stummen Hotelgäste**

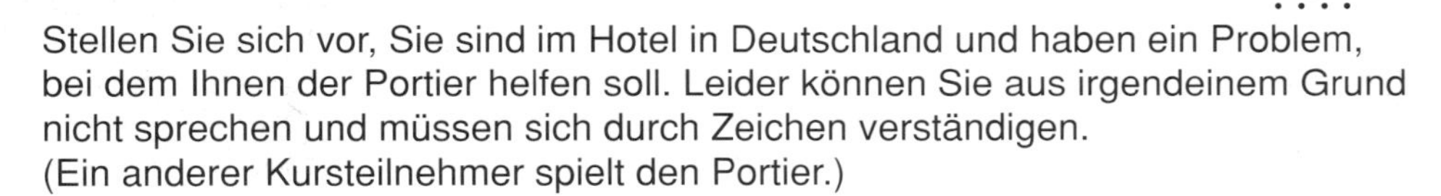

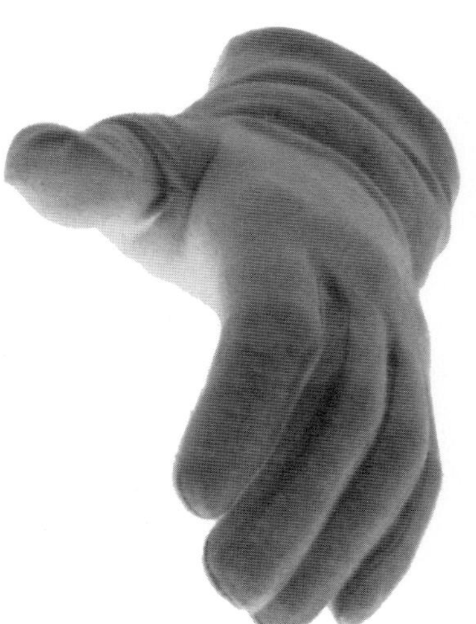

Stellen Sie sich vor, Sie sind im Hotel in Deutschland und haben ein Problem, bei dem Ihnen der Portier helfen soll. Leider können Sie aus irgendeinem Grund nicht sprechen und müssen sich durch Zeichen verständigen.
(Ein anderer Kursteilnehmer spielt den Portier.)

Überlegen Sie sich ein konkretes Problem, wie z. B.:
„Aus der Dusche in meinem Zimmer kommt kein Wasser, sondern eine braune Brühe. Können Sie einen Klempner schicken?"

Oder:
„Letzte Nacht habe ich gefroren. Können Sie eine zweite Decke auf mein Zimmer bringen lassen?"

Machen Sie nun dem Portier Ihr Problem nur durch Gestik und Mimik klar, also ohne zu sprechen.
Der Portier übersetzt die Gesten und die Mimik in Sprache, d. h. er sagt sofort immer laut, was er in jedem Moment gerade versteht, um herauszufinden, was er für Sie tun soll.

Das Spiel ist beendet, wenn der Portier das Problem des Gastes verstanden und ausgesprochen hat.

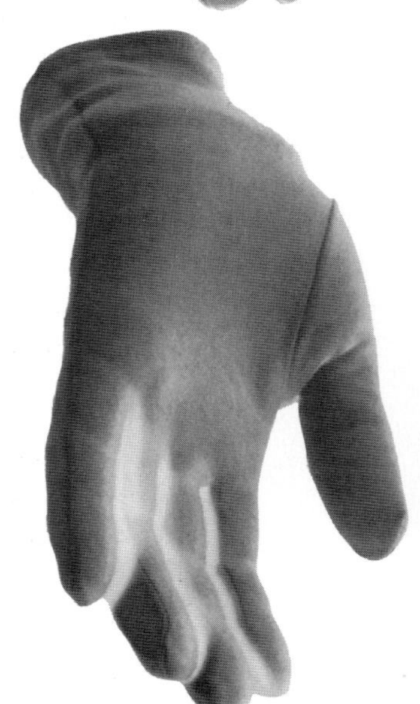

Beispiel:
Portier: *Ah, Sie wollen duschen?*
Sie haben geduscht? Nein, warum?
Kein Wasser?
...
Sie haben kein Wasser in der Dusche, und ich soll Ihnen einen Klempner aufs Zimmer schicken.

(Nach einer Idee von Marley Duff, Drama Techniques in Language Learning, Cambridge University Press 1978)

ZU 17.2 Interviews: Urlaub

Transkriptionen:

Interview 1:

○ Ihr seid gerade wieder von einer großen Reise zurückgekommen. Wo wart ihr denn?
● Wir waren in Asien, im Süden von Asien, haben begonnen in Hongkong, sind dann durch Südchina gefahren, waren dann in Lhasa … also in Tibet, und zum Schluss waren wir im Kathmandu-Tal.
○ Sag mal, ihr macht immer solche Riesenreisen, nicht?
● Ja.
○ Wie oft wart ihr jetzt schon da, in China, Asien?
● In Asien, in China war'n wir drei Mal, in Asien insgesamt wahrscheinlich zehn Mal.
○ Was reizt dich eigentlich, da immer diese Reisen zu machen, in diese Länder?
● Was mich am meisten reizt, ist eigentlich, dass man sieht, wie die Menschen noch in einer Zeit leben, wie sie hier bei uns vielleicht im Mittelalter war und dass sie eigentlich trotz dieser ganz einfachen Dinge, mit denen sie leben, so unheimlich zufrieden sind. Das stimmt mich irgendwie dann immer glücklich und gibt mir eigentlich unheimlich viel für meine Arbeit, weil ich dann sehe, dass eigentlich die ganzen Dinge, über die ich mich ärgere, lächerlich sind. Also ich ärgere mich dann nicht mehr über meine Patienten, ich ärgere mich nicht mehr über die Arbeit, weil ich sage, was soll der Quatsch. Wenn du siehst, mit was für einfachen Mitteln diese Menschen dort glücklich und zufrieden sein können, wie kannst du eigentlich so dusselig sein und dich über so 'ne lächerlichen Kleinigkeiten aufregen. Und die Arbeit macht mir dann unheimlich viel mehr Spaß, und ich habe also sehr viel mehr Freude eigentlich an allem, was ich mache.

Interview 2:

○ Tag, Monika, wie geht's denn?
● Tag, Gerd.
○ Bist du aus dem Urlaub zurück?
● Ja ja. Ach, schon lange. Wir war'n ja nur kurz weg.
○ Was hast du denn gemacht?
● Wir sind an die Costa Brava gefahren.
○ Ja?
● Hmm. Erst hatten wir noch überlegt, nehmen wir, mieten wir irgendwas, 'n Appartement oder so, oder nehmen wir's Zelt, und letztlich haben wir gesagt, Mensch, komm, wir fahren, wann wir Lust haben, lassen uns nicht von irgendwelchen Daten bestimmen, und eines Tages, gut, haben wir gesagt, pack das Zelt ein, pack die Luftmatratze ein, das Kind kommt ins Auto, und wir sind losgefahren. Und es war gut.
○ Machst du den Urlaub immer so spontan?
● Hm. In der letzten Zeit ja, weil eben so viel andere Dinge vorzubestimmen sind, dass man zumindest im Urlaub dann die Sachen mal 'n bisschen lockerer angehen will.
○ Was ist denn für dich 'n guter Urlaub, so 'n richtig guter Urlaub?
● Also, guter Urlaub ist erst mal am Strand sein, ins Wasser gehen können, und schönes Wetter natürlich. Viel lesen können, ausruhen und dann irgendwie in 'ne kleine Stadt fahren, sich die ansehen, am Plätzchen sitzen, 'n Aperitif trinken und dann irgendwo gut essen gehen.
○ Also hauptsächlich so 'n ruhiger Urlaub.
● Ja, mittlerweile ja.

Interview 3:

○ Tag, Frau Mattern.
● Ja, guten Tag.
○ Was machen Sie eigentlich im Sommer?
● Oh, im Sommer, ja, ich wünschte mir, ich könnte das tun, was ich gerne machen würde, und das ist den ganzen Tag lang faulenzen, in der Sonne liegen, baden und nichts tun.
○ Ja, toll. Und warum können Sie das nicht tun?
● Ja leider bin ich dieses Jahr völlig pleite. Wir haben letztes Jahr einen ganz tollen Urlaub gemacht.
○ Ja, was haben Sie denn da gemacht?
● Da waren wir in den USA und sind mit einem

gemieteten Flugzeug rumgeflogen, und das hat uns so viel Geld gekostet, dass wir dieses Jahr zu Hause bleiben müssen, und wir werden dieses Jahr nur ein bisschen in die Berge fahren und da wandern, so von Hütte zu Hütte höchstwahrscheinlich und dann da übernachten.

○ Das ist ja auch schön.

● Ja, das ist auch schön, aber das ist nicht so der richtige Urlaub, weil es viel zu nah an zu Hause ist, und wenn wir dann abends zurückkommen, dann liegt die unordentliche Wohnung da, und dann muss ich anfangen aufzuräumen und zu kochen ...

○ Also zum Urlaub gehört so ein Tapetenwechsel auf jeden Fall.

● Absolut ja, es muss ganz weit weg sein.

○ Ganz weit weg?

● Ganz weit weg, ja.

○ Und warum so ganz weit weg?

● Ja, je weiter weg, desto weniger denk ich an zu Hause und an die Arbeit, die ich da hab'.

○ Gut, danke schön.

Interview 4:

○ Herr Lahner, waren Sie schon in Urlaub dieses Jahr?

● Ja, dieses Jahr war ich schon in Urlaub, und zwar in Italien, in Chioccia, in einer Ferienwohnung, weil wir eine kleine Tochter haben und daher keine größeren Reisen unternehmen können.

○ Mhm, das klingt so, als ob Sie gerne größere Reisen unternehmen würden.

● Größere Reisen unternimmt gerne meine Frau. Ich fahr' dann mit. Ich bin vorher eher derjenige, der abblockt und dann hinterher restlos begeistert ist, wenn er seine Dias sieht.

○ Ja, und früher haben Sie größere Reisen gemacht, bevor Sie eine Tochter hatten?

● Ja, also wir haben mehrere größere Reisen gemacht, und zwar unter anderem auch nach Thailand oder Sri Lanka. Wir waren auch in Griechenland, wir haben Griechenland mit dem Auto bereist, und es war also wirklich sehr interessant, weil wir uns beide für Land und Leute und vor allen Dingen auch für die Kultur und die Geschichte interessieren.

Interview 5:

○ Frau Bähr, waren Sie eigentlich schon im Urlaub?

● Ja, ich war schon.

○ Ja, wo waren Sie denn?

● Ich war in Griechenland. Peloponnes.

○ Hm, und was haben Sie da gemacht?

● Das war eine Wanderstudienreise. Und das war wirklich sehr gut: die Kombination zwischen Studienreise und Wandern – das war wirklich sehr, sehr schön.

○ Wieso, wandert man da von einer Sehenswürdigkeit zur andern?

● So ungefähr. Man geht, fährt mit dem Bus zu einem Ausgangspunkt und wandert dann eben auf ein Ziel zu, ob das Mykene ist oder Olympia, und wir sind so etwa drei bis vier Stunden am Tag gewandert.

○ War's nicht ziemlich warm, oder macht man das zu einer bestimmten Zeit?

● Nein, die Temperatur war sehr günstig. Es war so Ende April, Anfang Mai, und es war sehr gut, und das Schöne ist, man kommt einfach durch Dörfer, wo Autos keinen Platz haben, und das fand ich also sehr schön, die Landschaft, die Menschen ...

○ Und das würden Sie so als Ihren idealen Urlaub bezeichnen?

● Ja, wir haben's das erste Mal gemacht und haben gesagt, das wollen wir auf jeden Fall wiederholen, weil's einfach auch sehr erholsam ist, und zur gleichen Zeit ist man auch angeregt durch die Besichtigungen – fand ich sehr schön.

ZU 17.3 Urlaub/Ferien

1. **Reisemotive: Prioritäten feststellen**

Kreuzen Sie auf der Liste ein paar Punkte an, die Sie als Reisemotive für besonders wichtig halten, und ergänzen Sie die Liste.
Diskutieren Sie darüber, und schreiben Sie einen kleinen Text. Benutzen Sie die Redemittel aus dem Kasten.

- ☐ um sich zu erholen
- ☐ um andere Lebensformen kennen zu lernen
- ☐ zum Klimawechsel
- ☐ aus gesundheitlichen Gründen
- ☐ um Abstand vom Alltag zu gewinnen
- ☐ um (Winter-, Sommer-)Sport zu treiben
- ☐ um Abenteuer zu erleben
- ☐ weil mich das Exotische anzieht
- ☐ um neue Genüsse (kulinarische und andere) auszuprobieren
- ☐ damit man was erzählen kann
- ☐ um nicht zu rosten

…

Redemittel:

Was mich am meisten reizt, …
Hauptsächlich kommt es mir darauf an, …
In erster Linie will ich …
Vor allem muss …
Zu richtigen Ferien gehört unbedingt …

Dann ist auch noch wichtig …
Es sollte auch …
… brauche ich nicht unbedingt
… ist nicht unwichtig

… ist mir eigentlich egal
Im Urlaub reagiere ich allergisch …
Ich hasse es, wenn …
Ich kann es gar nicht leiden …
… wäre nichts für mich

2. **Persönlicher Brief**

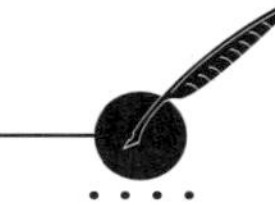

Sie sind soeben aus dem Urlaub zurückgekommen. Es war ein Traumurlaub.

Oder:
Es war ein totaler Reinfall.

Schreiben Sie einen Brief an eine deutsche Freundin/an einen deutschen Freund.
Beachten Sie folgende Punkte:

- Fragen Sie nach dem Befinden des Adressaten.
- Sprechen Sie über Ihr eigenes Befinden.
- Leiten Sie zum Thema Urlaub über.
- Erzählen Sie von Ihrem letzten Urlaub.
- Schreiben Sie kurz über ein eventuelles Wiedersehen, -hören, -schreiben.
- Vergessen Sie Anrede und Schlussformeln nicht, auch Grüße an die Familie und gemeinsame Bekannte.

LERNBERATUNG: Fehlerkorrektur

Lassen Sie sich von Ihrem Lehrer/Ihrer Lehrerin sagen, wie viele Fehler in Ihrem Brief sind, und suchen Sie allein oder gemeinsam mit einem Partner.

Oder/Und:

3. **Geschichten erzählen VI: Zuhörer integrieren**

Erzählen Sie von Ihrem Traumurlaub bzw. von Ihrem Horrorurlaub.
Versuchen Sie, die Zuhörer zu integrieren, indem Sie die Geschichte einleiten:

„Stellt euch vor …“
„Ihr werdet es mir nicht glauben …“
„So was kann auch nur mir passieren … "
…

Machen Sie Ihre Geschichte interessant, indem Sie sich unterbrechen:

„Was glaubt ihr, wie es weitergeht?“
„Ist das euch auch schon mal passiert?“
„Was hätte ich denn sonst machen sollen?“

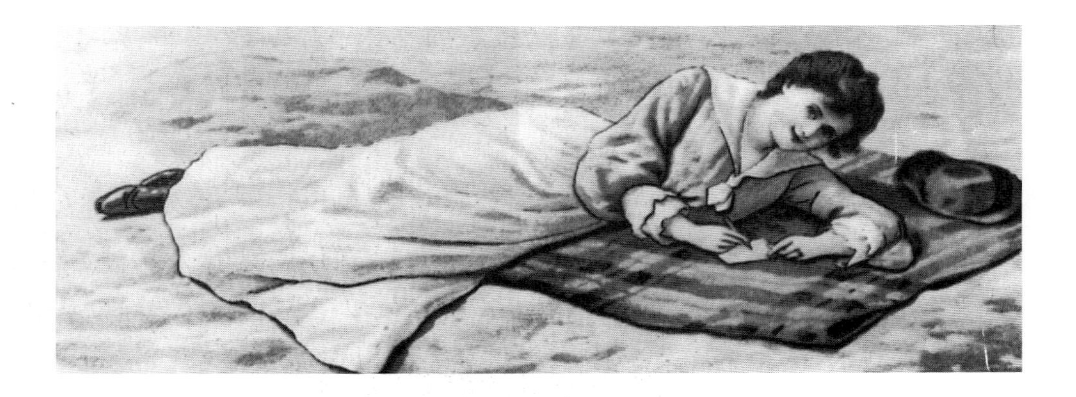

Diese Beschwerdegründe haben wir aus dem Text herausgekürzt.

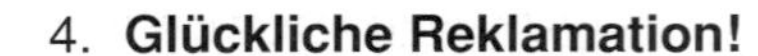

4. **Glückliche Reklamation!**

a. Lesen Sie Überschrift und Untertitel auf S. 139: Wovon handelt der nachfolgende Text?

b. Schauen Sie das Bild auf S. 139 an:
Worüber beschweren sich Urlauber im Ausland?

c. Worüber würden Sie sich im Urlaub beschweren?
(Oder: Worüber haben Sie sich schon beschwert?)

d. Worüber beklagen die Reisenden sich? Schreiben Sie die entsprechenden Ziffern an den Rand des Textes auf den Seiten 140/141.

1. Ameisen im Brot
2. Ameisen im Zimmer
3. Ebbe – wasser geht
4. Essen aus der Konserve
5. Fische und Frösche im See
6. Insekten im Zimmer
7. Insekt in der Suppe
8. Kakerlaken bei Nacht
9. Keine Elefanten zum Schießen
10. Nur Marmelade und Brot zum Frühstück
11. Nicht genug Wasser zum Duschen
12. Reptilien im Zimmer
13. Verdauungsprobleme
14. Zu lange Wartezeiten

der Hahn ↳ "Ki, keri, Ki"

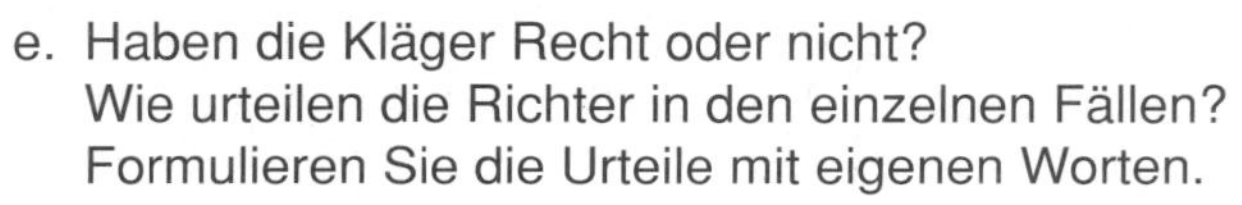

e. Haben die Kläger Recht oder nicht?
Wie urteilen die Richter in den einzelnen Fällen?
Formulieren Sie die Urteile mit eigenen Worten.

Worüber haben sich wohl diese Urlauber beschwert?

LERNBERATUNG: Lesen

Um den Lesern das Lesen angenehm zu machen, sie in die Texte hineinzulocken, gibt es in Zeitungen und Zeitschriften Bilder, Zwischenzeilen und Zwischenkommentare. Nutzen Sie dieses Angebot, stürzen Sie sich nicht gleich auf den Wortlaut des Textes, sondern überlegen Sie, was Sie mit Hilfe der Überschrift, des Untertitels und eventueller Illustrationen schon alles über den Textinhalt erfahren. Lesen Sie dann den Text nicht Wort für Wort, sondern erfassen Sie Zeilen und Zeilengruppen, suchen Sie dabei Anhaltspunkte für das, was Sie schon wissen, suchen Sie die für Sie wichtigen und interessanten Informationen. Das Wort-für-Wort-Lesen kommt erst, wenn Sie etwas ganz genau wissen wollen (oder untersuchen sollen).

Autolärm, ekliges Essen, Ärger im Pool: 300 000 Beschwerden gingen im vergangenen Jahr bei den Reiseunternehmen ein

GLÜCKLICHE REKLAMATION!

Ob Ameise in der Suppe oder Ebbe am Strand, deutsche Urlauber finden immer etwas zu meckern. Und alle wollen dasselbe: ihr Geld zurück.

Wartezeiten im Flughafen erhöhen die Urlaubsfreude

Elf Monate im Jahr gelten für den Deutschen nur die gewöhnlichen Grundrechte. Er darf zum Beispiel glauben, reden und schreiben, was er will, und sich aufhalten, wo er will. Einen Monat lang jedoch beansprucht er ein weiteres Grundrecht: das Recht auf Urlaubsfreude.

Die deutschen Touristik-Unternehmen zählten 1992 rund 300 000 Reklamationen. 30 000 führten zu Klagen. Die Gründe reichen von A wie Algenpest bis Z wie Zimmereinrichtung. Dem einen ist die Urlaubsfreude vergällt, wenn er eine lebende Ameise im Brot findet, dem anderen, wenn ihm auf der Großwildjagd mangels Elefanten kein Abschuss zugesichert werden kann. Wegen „sinnloser Wartezeiten" auf dem Flug nach Bali zog ein TUI-Kunde vor Gericht. Das Frankfurter Amtsgericht wies seine Klage ab und ließ ihm zugleich philosophische Belehrung zuteil werden: „Dass der Kläger das Warten als sinnlos bezeichnet, reicht nicht aus. Jedes Warten hat nämlich einen Sinn, denn es soll ja bewirken, dass der Betreffende einem zukünftigen Ereignis näher kommt. Geht man aber davon aus, dass sich die Zukunft ohnehin nähert, auch wenn man nicht wartet, so ist jedes Warten sinnlos und die Wertung des Klägers, die Warterei sei sinnlos gewesen, ist eine Aussage ohne Inhalt."

Wenn es um den „sensiblen Leistungsgegenstand" Reise geht, bedürfen Richter besonderen Fingerspitzengefühls. Beispielsweise bei der Frage, ob man „ein kleines Insekt in einem großen Suppentopf" als Unannehmlichkeit hinzunehmen hat oder als appetitverderbenden Mangel werten kann, der zu „vertanem Urlaub" führt. Dem Amtsgericht Mönchengladbach fiel das Urteil leicht: „Kein Mangel, da die Suppe nach dem Entfernen des Insekts nicht ungenießbar wird."

Besondere Urlaubsfreude besteht für viele Menschen darin, in das Element zurückzukehren, aus dem die Vorfahren vor Jahrmillionen gekommen sind: dem Wasser. Was aber, wenn im Meer Ebbe herrscht und es aus der Dusche nur tröpfelt? „Öfter kam vor, dass ich eingeseift unter der Dusche stand, Zahnpasta im Mund, und musste ein bis zwei Stunden auf Wasser warten." Die Klage des Eingeseiften fand ein Stuttgarter Amtsgericht verständlich. „Ergibt sich aus dem Reisevertrag, dass der Reisende ein Zimmer mit Dusche gebucht hat, so muss der Reisende eingeschränkte Duschmöglichkeiten nicht hinnehmen."

Hinnehmen aber muss er die Angewohnheit des Meeres, sich aus der Badebucht des Hotels von Zeit zu Zeit zurückzuziehen, so dass sie „wegen der geringen Wassertiefe zum Schwimmen nicht geeignet ist". Derlei, so das Münchner Landgericht, falle „nicht in den Verantwortungsbereich des Reiseveranstalters – es handelt sich insoweit um Naturerscheinungen".

Eine andere Naturerscheinung nervte einen Reisenden, der ein Appartement in einem Haus mit eigenem Badesee in Österreich gebucht hatte. Vor Ort stellte er angewidert fest, dass der Mensch, bekanntlich die Krone der Schöpfung, über den See nicht exklusiv verfügte, sondern ihn mit Fischen und Fröschen teilen musste. Die Frankfurter Richter beschieden ihn: „Der Reisende muß bei einem natürlichen See

Gibt es nicht zu Hause auch mal Essen aus der Dose?

damit rechnen, dass die ökologische Struktur noch stimmt. Überdies können diese Tiere den badenden Menschen nicht stören, da sie scheu sind und sich beim Auftreten eines Menschen erfahrungsgemäß zurückziehen."

Sind nicht Käfer eiweißhaltig und deshalb gesund?

Häufig haben es die Gerichte mit kulinarischen Leiden zu tun. Klagen magenverdrossener Reisender hagelt es vom Frühstück bis zum Abendessen, oft aber reiben sich die Urlauber nach der Lektüre des Urteils die Augen. Der Begriff „Frühstücksbüffet", so musste sich ein Reisender vom Frankfurter Amtsgericht sagen lassen, berechtige ihn nicht zu der Annahme „dass das Frühstück mehr als Brot und Marmelade umfasse". Der Begriff bedeute nur, dass der Reisende nicht bedient wird, sondern „seinem Hunger entsprechende Mengen" selber holen muss. Nachschlag: „Dies bedeutet nicht gleichzeitig, dass die angebotenen Speisen von besonderer Qualität oder Vielfalt seien."

Bitter für den Urlaubs-Gourmet auch die lakonische Entscheidung eines Stuttgarter Amtsgerichts: „Es stellt keinen Reisemangel dar, wenn die Darreichung des Abendessens Kantinencharakter hat." Womöglich noch herber muss ein Urteil aus Frankfurt klingen, mit dem die Klage eines Frischkost-Fans abgeschmettert wurde: „Es stellt keinen Reisemangel dar, wenn sich die Reiseverpflegung überwiegend aus Dosennahrung zusammensetzt."

Gnädiger gehen Amts- und Landgerichte mit den Klagen von Touristen um, denen im Urlaub nicht bloß eine Laus über die Leber gelaufen ist. Eine „Vielzahl von Ameisen" im Urlaubsquartier beispielsweise, inklusive einer „Ameisenstraße an der Bettkante", berechtigt den Heimgesuchten nach einer Entscheidung des Frankfurter Landgerichts zu einer Minderung des Reisepreises um 25 Prozent.

Aber sorgfältig hat der Reisende in seinem Zimmer zwischen Geziefer und Ungeziefer zu unterscheiden. Einem Kläger, dessen Widerwillen es erregte, dass er sein Hotelzimmer auf Hawai mit drei Geckos teilen musste, von denen einer in seinem Beisein eine Kakerlake zu sich nahm, schrieben die Frankfurter Richter eine Erkenntnis aus „Brehms Tierleben" über die nützlichen Haftechsen in die Klage-Abweisung: „Einen widerwärtigen Eindruck rufen die Geckos nur bei dem hervor, der sich nicht die Mühe gibt, ihr Treiben zu beobachten."

In jedem Fall ist der Reisende gut beraten, wenn er auch Ungeziefer-Zahlen exakt festhält. „Täglich etwa fünf Kakerlaken" stellen nämlich nach einer Amtsgerichtsentscheidung noch keinen Reisemangel dar; wenn sich in einem Hotelzimmer aber „ca. 10 Kakerlaken pro Quadratmeter aufhalten, nachdem die Beleuchtung eingeschaltet wurde, das heißt, dass wegen der Lichtscheue dieser Tiere bei Dunkelheit noch mehr Kakerlaken vorhanden sind", dann darf der Bewohner nach einem Landgerichtsurteil den vollen Reisepreis zurückverlangen.

Für den, dessen Urlaubsfreude nicht unbedingt darin besteht, nachts im Bett zu sitzen und Kakerlaken zu zählen, formulierten die Münchner Amtsrichter einen hilfreichen Tipp: Bei einer Reise in den Süden muss außer dem Reisegepäck auch noch eine bestimmte Reiseeinstellung mitgenommen werden. Ansonsten wäre es empfehlenswerter, im häuslich gewohnten Bereich zu verbleiben. Stern 28/1993 (leicht gekürzt)

Genaues Zählen empfiehlt sich: Täglich fünf Kakerlaken im Hotelzimmer sind zumutbar

5. Sich beschweren

Worüber kann man sich beschweren?

- Im Urlaub
- Bei der Arbeit
- Im Kino
- Bei den Nachbarn
- In Geschäften
  …

Sammeln Sie Beschwerdegründe zu den verschiedenen Themen.
Entscheiden Sie sich jede/r für ein Thema. Suchen Sie sich einen Partner, und spielen Sie das Gespräch. Überzeugen Sie Ihren Gesprächspartner davon, dass Ihre Beschwerde berechtigt ist. Bleiben Sie dabei höflich!

6. Beschwerdebrief

Schreiben Sie einen Beschwerdebrief an die zuständige Stelle.

Absender
Datum

Name
Adresse

Anrede

Sehr geehrte Damen und Herren,

Bezugsdatum

am 2.3.dieses Jahres habe ich bei Ihnen eine Reise nach ... gebucht. Laut Katalog wurden mir drei Wochen Sonne und Erholung zugesichert. Das Gegenteil war der Fall, es hat drei Wochen lang geregnet. Dafür können Sie natürlich nichts.

Zusicherung

Beschwerdegrund

Aber während meines Aufenthalts wurden im Hotel Renovierungsarbeiten durchgeführt, so dass ich mich tagsüber nicht im Hotel aufhalten konnte. Außerdem war aus dem gleichen Grund der Swimming-Pool gesperrt.

Konsequenz

Ich betrachte daher meinen Urlaubsgenuss als erheblich gemindert und fordere Sie auf, mir meine Reisekosten zu erstatten. Sollten Sie bis zum ... nicht geantwortet haben, sehe ich mich gezwungen, die Angelegenheit meinem Anwalt zu übergeben.

Forderung

Drohung

Hochachtungsvoll - sincerely

Grußformel

ZU 17.4 In einer Höhle am Waldrand …

1. Die beiden letzten Abschnitte lauten:

Dann träumte der ängstliche Fuchs
wieder allein in seiner Höhle
von nächtlichen Abenteuern,
88 von Hasen und Gewehren
und einem bellenden Hund.

Der mutige Fuchs aber
sehnte sich in der Ferne
92 nach einer Blume,
nach einem Kieselstein,
einem Schneckenhaus
und einer Vogelfeder.
96 Vor allem aber sehnte er sich
nach dem ängstlichen Fuchs,
der in einer gemütlichen Höhle
auf ihn wartete.

Max Bolliger

2. Welche Moral hätte die Fabel, wenn sie mit Zeile 55 enden würde?
   Und mit Zeile 76?

3. Schreiben Sie einen eigenen Text über die Fremde, und verarbeiten Sie
   inhaltliche Bestandteile der Geschichte von Max Bolliger.

   Zum Beispiel:

   – In einem Haus am Stadtrand …
   – In einem Fischerdorf …
   – In einem Appartement in der Stadtmitte …
   – In einem Iglu …

4. **Geschichten erzählen VII: Eine Geschichte frei vortragen**

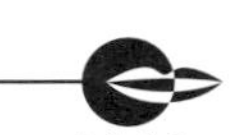

   Tragen Sie Ihre Geschichte vor. Lesen Sie so wenig wie möglich ab.
   Markieren Sie wichtige Stellen in Ihrem Text, um den Faden nicht zu verlieren.

ZU 17.5 Sachtext-Schilderung

1. **Adjektive**

a. Welche Adjektive passen zu welchem der beiden Texte auf S. 69?

anschaulich – langweilig – interessant – drastisch – informativ – metaphorisch – klar – übersichtlich – gegliedert – sachlich – lebhaft – kritisch – steril – persönlich – beschönigend – emotional

b. Wer könnte diese beiden Texte für wen in welcher Absicht geschrieben haben? Untersuchen Sie die sprachlichen Mittel.

c. Schreiben Sie zwei kurze Texte über ein Thema, und zwar einen sachlich-informativen und einen zweiten persönlich-schildernden Text.

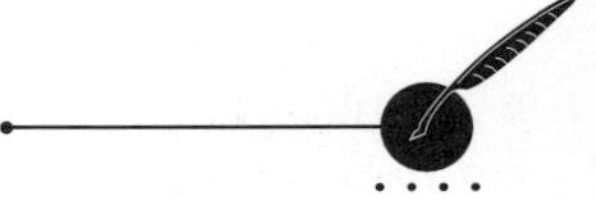

Zum Beispiel über:

- Essen in …
- Busfahren in …
- Einkaufen in …
- Flirten in …
- Schlafen in …
- … in …

2. **Gebrauch der Präpositionen *bei* und *mit***

Drücken Sie die unterstrichenen Satzteile jeweils durch einen Nebensatz aus: Welche sind temporal *(wenn, als)*, welche konditional bzw. modal *(wenn, sofern)*, welche konzessiv *(obwohl)* und welche kausal *(weil)*?

Beispiel:
Bei schmalem Geldbeutel ist eine Interrailkarte eine preisgünstige Möglichkeit, Europa kennen zu lernen.
Wenn (sofern) man wenig Geld hat, ist …

a) Bei Reisen in der Hochsaison sind die Züge allerdings oft überfüllt.

b) Bei einer Fahrt ins Blaue hilft ein Auslandskursbuch.

c) Beim Aussteigen sollten Sie auf Ihr Gepäck achten.

d) Bei Vorlage des Personalausweises bekommt man eine Ermäßigung.

e) Bei allen Vorteilen kann so eine Tour ziemlich strapaziös sein.

f) Beim Einsteigen stolperte ich und fiel hin.

g) Bei dem Gedränge verlor ich ihn aus den Augen.

h) Bei der Gepäckaufgabe muss man die Fahrkarte vorlegen.

i) Bei aller Vorsicht konnte sie den Unfall nicht vermeiden.

3. Erklären Sie den Gebrauch von *bei* und *mit* in den folgenden Sätzen mit einem Nebensatz. Also, indem Sie das Satzglied durch einen Nebensatz ausdrücken.

mit	Art und Weise, instrumental (= *indem*) oder *mit* ↔ *ohne* (modal)
bei	kausal, konditional, temporal, konzessiv, zirkumstantiell

a) [1] Bei dem Preis erwarte ich beste Qualität.
[2] Die Kunden werden mit Preisermäßigungen zum Kauf animiert.

b) [1] Bei seiner Geduld sollte er Lehrer werden.
[2] Mit Geduld erreicht man fast alles.

c) [1] Wir kamen noch bei Tageslicht an.
[2] Dieser Film soll mit Tageslicht belichtet werden.

d) [1] Bei seinem Alkoholkonsum wundert es mich gar nicht, dass er leberkrank ist.
[2] Er versuchte, seinen Kummer mit Alkohol zu betäuben.

e) [1] Wir sprachen uns bei einem Glas Wein aus.
[2] Das müssen wir mit Sekt begießen!

f) [1] Bei aller Liebe – das geht zu weit!
[2] Schwierige Kinder muss man mit viel Liebe und Verständnis behandeln.

4. Ergänzen Sie die Sätze:

a) [1] Mit der Entdeckung ...
[2] Bei der Entdeckung ...

b) [1] Mit dieser Arbeit ...
[2] Bei dieser Arbeit ...

c) [1] Mit diesen Worten ...
[2] Bei diesen Worten ...

d) [1] Mit der Mondlandung ...
[2] Bei der Mondlandung ...

e) [1] Mit dieser Frau/diesem Mann ...
[2] Bei dieser Frau/diesem Mann ...

5. **Ratschläge: Redemittel**

a. Beraten Sie junge Leute, die sich für Interrail interessieren.

du solltest unbedingt du darfst nicht vergessen ist nützlich ist zu empfehlen ich rate dir (dringend) ich würde dir raten an deiner Stelle doch (nicht) ja/bloß (nicht)

b. Geben Sie Ratschläge:

- für eine Fahrprüfung
- fürs Deutsch lernen
- für die Ehe
- fürs Abnehmen
- für die Kindererziehung
- fürs Zunehmen

...

Einkaufspassage in Stuttgart

ZU 17.6.4 Thema: Einkaufen

Transkriptionen der Äußerungen von Deutschen:

Hörtext 1:
Also, ich geh' prinzipiell immer nur noch dann einkaufen, wenn ich wirklich viel Zeit habe und das Einkaufen auch genießen kann. Sonst mach' 4 ich's gar nicht mehr. Und es gibt hier in München einen ganz, ganz tollen Laden, er sieht zwar furchtbar hässlich aus, aber, mein Hobby sind Klamotten, also Kleidung in jeder Art und 8 Weise, und wenn ich dann da hingehe, dann ist das immer ein Genuss und eine Fundgrube, weil nämlich zwischen ganz vielem Mist und primitiven Dingen plötzlich Designerkleider rumhän- 12 gen, die ganz kleine Fehler haben, die sieht niemand, und auf so was bin ich ganz scharf. Und da hab' ich schon die tollsten Sachen gekauft und bin dann auch ziemlich damit aufgefallen, 16 und das ist wirklich ein Geheimtipp.

Hörtext 2:
Beim Einkauf kommt's halt immer darauf an, was man will, ob man eine größere Investition macht, ob das nur kleine Lebensmittel sind, 4 völlig egal, was es ist: in jedem Fall kommt's darauf an, dass das Preis-Leistungsverhältnis stimmt. Bei frischen Waren geht man auf die Frische, man schaut, was es alles in Angeboten 8 gibt, man braucht hier nur in München durch die Fußgängerzone zu gehen, hier hat man also vierzehn bis achtzehn Stände, kann dann die Preise überprüfen und auch die Qualität der 12 Ware. Bei größeren Anschaffungen lohnt sich in jedem Fall der Preisvergleich in den Kaufhäusern. Ich mach's zumindest so, ob ich jetzt einen Fernseher kauf' oder irgendetwas anderes, ich 16 klappere die ganzen großen Einkaufshäuser ab und schau, was die zu bieten haben, was da für Qualität zu bieten ist und sehe, dass es da völlig unterschiedliche Preise gibt – und was auch sehr 20 wichtig ist, man muss die Reklamationsmöglichkeiten berücksichtigen, die bei bestimmten Kaufhäusern wesentlich besser sind, wo die Kaufhäuser wesentlich kulanter reagieren als andere, die 24 auf sehr hohem Ross stehen.

Hörtext 3:
Ja, ich gehe am liebsten in kleine Läden, die keine allzu große Auswahl haben, aber 'ne gute Auswahl haben und auch 'ne nette Verkäuferin, 4 und ich kaufe auch nicht unbedingt, weil ich heute das haben will, sondern – ich finde das jetzt schön, und dann nehm' ich das mit.

ZU 18.2 ZEIT

1. **Termine**

a. Sie sind für 20.30 Uhr zum Abendessen eingeladen, können aber erst um 20.45 Uhr kommen. Was machen Sie?

   - Sie rufen vorher an, dass Sie voraussichtlich eine Viertelstunde später kommen werden.
   - Sie entschuldigen sich beim Kommen. Was ist eine „gute" Entschuldigung?
   - Sie kommen um 20.45 Uhr und sagen gar nichts.
   - Sie sagen, dass Sie nicht pünktlich sein können.

b. Sie haben einen Termin um 11 Uhr beim Arzt/Chef ..., kommen aber voraussichtlich eine Viertelstunde zu spät. Was machen Sie?

c. Was ist eine „gute Entschuldigung", wenn man zu spät kommt:

   - zur Arbeit
   - zum Essen
   - zur Verabredung (mit wem?)
   - zur Hochzeit (zur eigenen?)
   - zum Tennismatch
   - zum 100-Meter-Lauf
   - zum Deutschkurs

   Wie viele Minuten (Stunden?) darf man zu spät kommen, ohne sich zu entschuldigen?

2. **Was machen Leute in Deutschland am Sonntag?**

   Zum Beispiel:
   Sonntag Lufttag

   Am Sonntag gehen viele Leute gerne an die frische Luft. Sie machen einen Sonntagsspaziergang im Park oder einen Ausflug ins Grüne.
   ...

ZU 18.1-3 Wiederholung Temporalangaben

1. Temporalangaben I: Angabe eines Zeitpunkts: Frage: *Wann?*

Präpositionen für Zeitmaße

Um 6 Uhr geht die Sonne auf.	Uhrzeit
Am Vormittag hat es geregnet. Ausnahme: in der Nacht	Tageszeit
Am Dienstag war ich beim Arzt.	Wochentage
Am 29. April habe ich Geburtstag.	Datum
Im Juli beginnen die Ferien.	Monate
Im Herbst werde ich immer melancholisch.	Jahreszeiten

Und was passiert in 2 Sekunden, in 3 Minuten, in 1 Stunde, in 3 Wochen, in 5 Monaten, in 20 Jahren?

Präpositionen für Wege, Veranstaltungen, Feste, Aktivitäten

Auf dem Heimweg habe ich Marion getroffen.
Auf der Hochzeit waren alle blau.
Beim Fußball habe ich mir den Fuß verstaucht.
Bei der Rede des Bürgermeisters wurde viel gelacht.

Schriftsprachlich auch: während statt auf oder bei:
Während der Rede des Bürgermeisters wurde viel gelacht.

Ohne Präposition: Jahreszahlen, (auch) Feste und Tagesnamen

1992 fanden die Olympischen Spiele in Barcelona statt.
Weihnachten fahre ich nach Hause. (Mit Präposition: Zu/An Weihnachten ...)
Mittwoch habe ich frei.

Ohne Präposition im Akkusativ: *letzt-*, *nächst-*, *dies-* + Zeitmaße

Letzten Monat lag hier noch überall Schnee, aber diese Woche blühen schon die Krokusse.
Nächsten Samstag machen wir 'ne Fete.
Diesen Sommer will ich nach England.

2. Bilden Sie mit den folgenden Substantiven Beispielsätze, in denen die Substantive als Zeitangaben gebraucht werden.

Reise – Demonstration – Zeit – Essen – Fete – Heimweg – Montag – Flug – Picknick – Wanderung – Arbeitsbeginn – Feierabend – Nacht – Unterricht – Römerzeit – Frühling – 21. Jahrhundert – letzten Montag – Beerdigung – Festival – Ferien – Nachrichten – Wochenende

Beispiel:
a) *Ich habe mich auf der Reise erkältet.*
b) ...

3. **Während**

In der Umgangssprache gebraucht man statt *während* + Genitiv lieber andere Präpositionen oder Nebensätze.
Ersetzen Sie *während* in den folgenden Sätzen, wo es möglich und stilistisch nötig ist.

a) Während unseres Urlaubs wurde bei uns zu Hause eingebrochen.
b) Wir lernten während der Reise viele nette Leute kennen.
c) Während meines Aufenthaltes in X hatte ich kaum Gelegenheit, mit den Leuten zu sprechen.
d) Ich möchte während der Arbeit nicht gestört werden.
e) Während der Fahrt sind die Türen geschlossen zu halten.
f) Während unseres Gesprächs schaute er mich nicht einmal an.
g) Während der Wanderung haben wir wegen der Hitze ein paarmal gerastet.
h) Während der Aufführung ist der Eintritt nicht gestattet.
i) Die Leute haben während des Konzerts ununterbrochen gehustet.

4. Temporalangaben II: Angabe einer Zeitdauer, Frage: *Wie lange?*

Zeitmaß im Akkusativ, oft verstärkt durch *ganz- ... lang/über:*

Ich habe die (ganze) Nacht (lang/über) nicht geschlafen.
Ich habe den ganzen Vormittag lang auf dich gewartet.

Präposition: von ... bis (zu)

Von Montag bis Freitag habe ich normalerweise schlechte Laune.
Vom 1. bis zum 15. des Monats lebe ich wie ein König, und dann mache ich bis zum Monatsende Diät.

5. **Präposition oder Akkusativ?**

Beispiel:
(Fahrt)
1 *Wir wurden auf der Fahrt mehrmals kontrolliert.*
2 *Wir wurden die ganze Fahrt lang nicht ein Mal kontrolliert.*

a) (Flug)
1 Mir wurde auf einmal schlecht.
2 Mir war furchtbar schlecht.

b) (Ferien)
1 Es hat ein paarmal geregnet.
2 Es hat nur geregnet.

c) (Aufführung)
1 Das Licht ging zweimal aus.
2 Wir mussten stehen.

d) (Vormittag)
[1] Der Klempner ist gekommen und hat den Wasserhahn repariert.
[2] Ich war zu Haus.

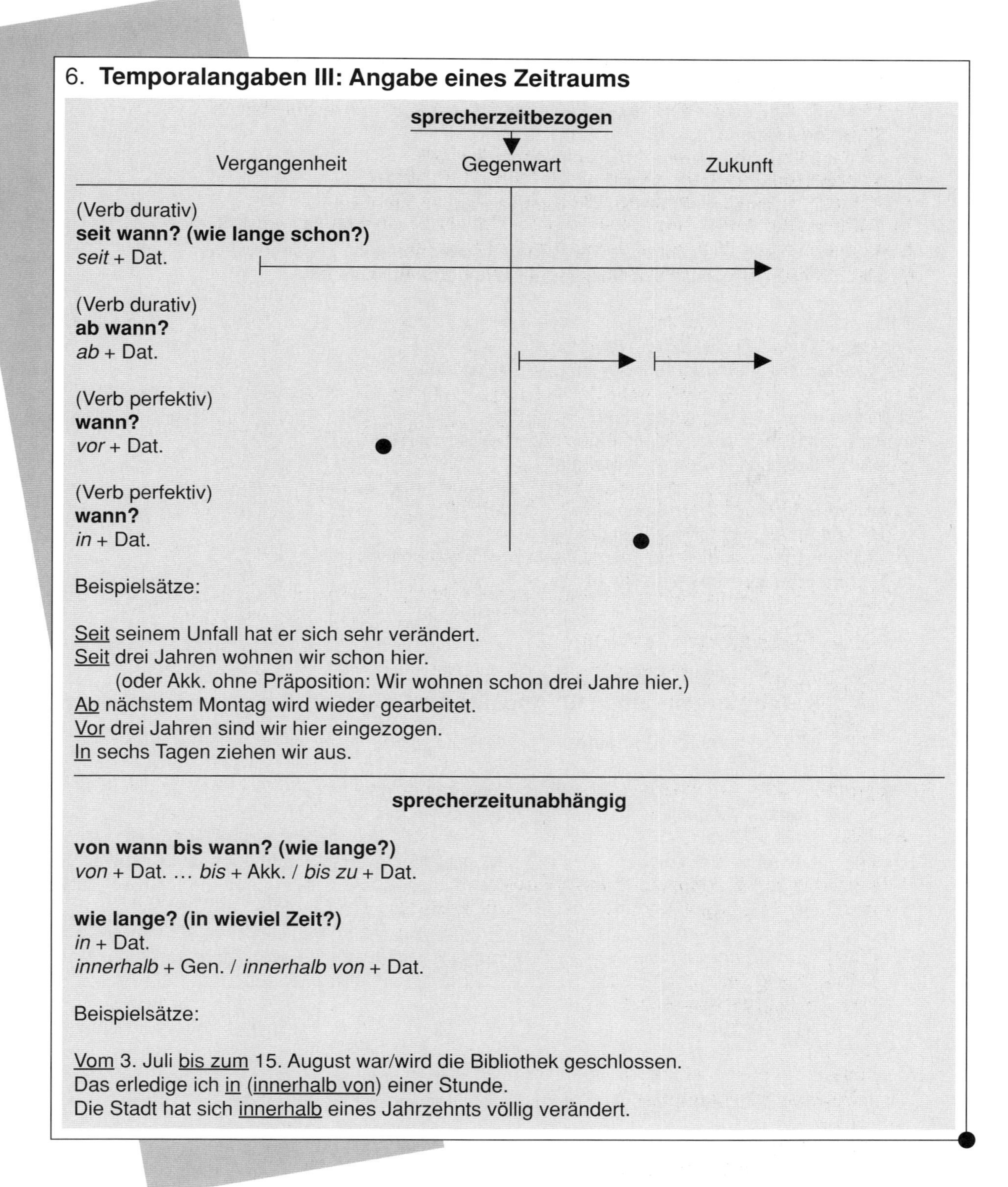

6. Temporalangaben III: Angabe eines Zeitraums

(Verb durativ)
seit wann? (wie lange schon?)
seit + Dat.

(Verb durativ)
ab wann?
ab + Dat.

(Verb perfektiv)
wann?
vor + Dat.

(Verb perfektiv)
wann?
in + Dat.

Beispielsätze:

Seit seinem Unfall hat er sich sehr verändert.
Seit drei Jahren wohnen wir schon hier.
(oder Akk. ohne Präposition: Wir wohnen schon drei Jahre hier.)
Ab nächstem Montag wird wieder gearbeitet.
Vor drei Jahren sind wir hier eingezogen.
In sechs Tagen ziehen wir aus.

sprecherzeitunabhängig

von wann bis wann? (wie lange?)
von + Dat. … *bis* + Akk. / *bis zu* + Dat.

wie lange? (in wieviel Zeit?)
in + Dat.
innerhalb + Gen. / *innerhalb von* + Dat.

Beispielsätze:

Vom 3. Juli bis zum 15. August war/wird die Bibliothek geschlossen.
Das erledige ich in (innerhalb von) einer Stunde.
Die Stadt hat sich innerhalb eines Jahrzehnts völlig verändert.

7. ***vor, seit* oder Akkusativ?**

   Ergänzen Sie mit passenden Zeitangaben.

   a) Ich bin ... angekommen.
   b) Ich suche dich ... ! Wo warst du denn?
   c) Er hat ... Fahrstunde(n) und kann immer noch nicht fahren.
   d) Ich habe ... Nachricht bekommen, dass ich die Stelle kriege.
   e) Ich kenne Berlin sehr gut. Ich habe da ... gelebt.
   f) Ich weiß nicht, ob ich noch Ski laufen kann. Ich habe ... zum letztenmal auf Skiern gestanden.
   g) Ich habe ihn ... bei einem Praktikum kennen gelernt.
   h) ● Wann ist der Unfall passiert?
      ○ Gleich zu Beginn der Reise. Wir waren gerade ... unterwegs.

8. Analysieren Sie die Aktionsart des Verbs (durativ oder perfektiv) in den folgenden Sätzen. Drücken Sie denselben Sachverhalt in anderer Aktionsart aus:

   Beispiel:
   Wir kennen uns seit drei Jahren (durativ).
   Wir haben uns vor drei Jahren kennen gelernt (perfektiv).

   a) Wir wohnen hier seit einem Jahr.
   b) Ich habe mir vor einer Woche einen neuen Wagen gekauft.
   c) Sie sind seit sechs Jahren verheiratet.
   d) Ich stehe hier schon seit einer halben Stunde und warte auf dich!
   e) Ich weiß das auch erst seit gestern.
   f) Ich kann noch nicht lange Rad fahren.
   g) Vor acht Tagen sind wir aus dem Urlaub zurückgekommen.
   h) Es regnet schon seit heute Nacht.

9. Temporalangaben IV: Angabe der Frequenz, Frage: *wie oft? wann ... (immer)?*

Zeitangabe im Akkusativ:	Beispielsätze:
	Die Frau beklagt sich:
jeder + Singular	Jeden Morgen will er ein Frühstücksei.
alle + Plural	Alle fünf Minuten muss ich zum Telefon rennen.
Adverbien auf-*s* bei Tageszeiten und Tagen	Montags, mittwochs und freitags muss ich waschen. Vormittags muss ich aufräumen und putzen.
Adjektive auf *-lich*	Ich muss täglich einkaufen.
einmal/zweimal ... *pro Stunde, Woche* usw.	Dreimal pro Tag bringe ich Essen auf den Tisch. Und du sagst, mit meinem Gefühl stimmt was nicht!

10. Überlegen Sie, welche Tätigkeiten Sie im Laufe eines Tages/Monats/Jahres verrichten.

11. Erzählen Sie von wiederkehrenden Ereignissen, Festen, Veranstaltungen und Ähnlichem in Ihrer Stadt.

12. **Einladung**

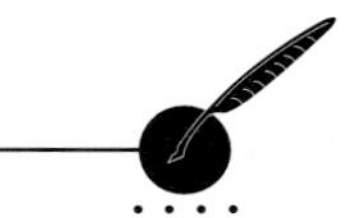

Schreiben Sie einem Freund/einer Freundin in Deutschland eine Einladung zu einem dieser Feste, und erzählen Sie ihm/ihr, warum gerade dieses Fest für ihn/sie interessant sein könnte.

13.

stündlich = 1 x pro Stunde, jede Stunde einstündig = von einer Stunde Dauer

Drücken Sie die unterstrichenen Zeitangaben anders aus:

Ein Baby wird nicht etwa gefüttert, wenn es Hunger hat, sondern mit der Uhr in der Hand. Sechsmal täglich (1) ______
bekommt es sein Fläschchen.Die zehnminütige (2) ______
Fütterung stillt aber sein Saugbedürfnis nicht, darum bekommt es den Rest der Zeit einen Schnuller, damit es nicht schreit. Sehr umweltfreundlich! Um festzustellen, ob das Kind gedeiht, darf man sich natürlich nicht auf den Augenschein verlassen, sondern man wiegt es ein- bis zweimal wöchentlich (3), ______
am besten aber täglich (4), ______
vor und nach dem Essen. Mindestens einmal monatlich (5) ______
muss Baby zum Arzt, damit er die Mutter über Babys Wohlergehen beruhigt. Abends (6) ______
wird es normalerweise gebadet. Das viertelstündige (7) ______
Bad ist sein größtes Vergnügen. Dann geht's ab ins Bett! An eine achtstündige (8) ______
Nachtruhe ist natürlich trotz aller klugen Bücher, die das Gegenteil behaupten, nicht zu denken, solange Baby die Uhr nicht kann: nachts (9) zwischen 22 Uhr und 6 Uhr gibt's nichts zu essen! ______
Unvernünftige Mütter behindern den adäquaten Lern- und Sozialisierungsprozeß ihres Sprösslings, indem sie ihn „nach Wunsch" zum Stillen anlegen, sogar zwei- oder dreistündlich (10) ______
und nachts (11). Wie soll ein Kind da jemals lernen, was Disziplin, Zeiteinteilung und Numerus clausus ist? ______

Lövo

14. ***-ig* oder *-lich*?**

a) Sie hat ein zweimonat ________ Stipendium bekommen.

b) Das ist keine alltäg ________ Situation.

c) Die zweistünd ________ Mittagspause wurde auf eine halbe Stunde verkürzt.

d) Dr. med. Meyer, Sprechstunden täg ________ von 16.00 – 18.30 Uhr.

e) Ein dreijähr ________ Kind wurde entführt.

f) Die Automesse findet in zweijähr ________ Rhythmus statt.

g) Vierwöch ________ Schäferhunde zu verkaufen!

h) Allwöchent ________ Programmwechsel!

ZU 18.4 Die Zeit in der Natur, die Zeit in uns

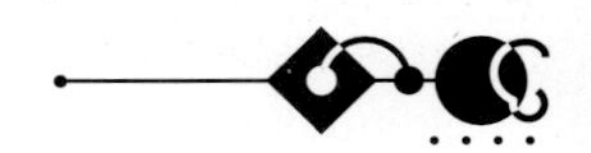

(Ausschnitte aus einer Fernsehsendung in 3sat, 22. 1. 1995)

Transkription des Textes:

Wie kommt die Zeit in das Gehirn, in das Bewusstsein?

Wenn wir diese Frage beantworten wollen, müssen wir uns eines klar machen: Evolution, also auch die Entwicklung zum Menschen, ist ein Geschehen in der Zeit. Es gibt aber mindestens zwei Zeitbegriffe: die Zeit in der Natur und die Zeit in uns. Die Geschwindigkeit, mit der die Zeit in uns zu fließen scheint, ist abhängig von unserem jeweiligen Zustand. Müssen wir warten, weil wir dringend ein Ziel erreichen möchten, empfinden wir den Fluss der Zeit anders, als wenn wir Muße haben. [...]

Um das menschliche Zeiterleben zu verstehen, muss man zwischen fünf verschiedenen Erlebnissen unterscheiden: dem der Gleichzeitigkeit, der Ungleichzeitigkeit, dem Erleben der Aufeinanderfolge, der Gegenwart oder was man auch als „jetzt" bezeichnen kann und dem Phänomen der Dauer, wie lang etwas erscheint. Wenn wir viel Information verarbeiten, dann scheint die Zeit vorbeizurasen, im Rückblick erscheint sie aber als lang. Wird wenig Information verarbeitet, wenn wir in einer Situation der Langeweile sind, dann scheint die Zeit zu kriechen, im Rückblick ist sie aber kurz. Dieses bezeichnen wir als Paradox des Zeiterlebens. [...]

Was wir als gegenwärtig empfinden, hat jeweils eine Dauer von etwa drei Sekunden. Wenn man sich auf das Metronom konzentriert, kann man zwei Taktschläge, also etwa zwei Sekunden als Einheit subjektiv gegenwärtig empfinden, es gelingt auch noch, drei Anschläge zusammenzufassen und als Einheit zu fühlen, aber mehr ist nicht möglich. Das heißt, nach drei Sekunden wird die Gegenwart zur Vergangenheit, um einer neuen Gegenwart Platz zu machen. [...]

●

Dem Gehirn steht also eine innere Uhr zur Verfügung. Eine ganz andere innere Uhr findet sich in der Tiefe des Gehirns, im sogenannten Hypotalamus. Diese Uhr steuert langfristige zeitliche Veränderungen unseres Verhaltens, nämlich den Tagesablauf. Diese Uhr ist von höchster Präzision gekennzeichnet. So wie die Genauigkeit einer Uhr durch den schwingenden Anker bestimmt wird, wird die Genauigkeit dieser inneren Uhr durch die Interaktion von nur einigen tausend Zellen bestimmt. Diese Zellen im menschlichen Gehirn werden direkt über die Augen angesprochen. So beeinflusst der natürliche Tag/Nachtwechsel über die Augen die tagesperiodische Organisation unseres Erlebens und Verhaltens. Jede einzelne der Tausende von Milliarden Körperzellen hat selbst eine tagesperiodische Uhr. Die wenigen tausend Zellen im Gehirn sorgen für deren Gleichklang, ihre Synchronisation. Doch gibt es nicht nur eine tagesperiodische Uhr in unserem Körper. Wir sind in der Evolution an den Jahreslauf angepasst worden. Wir tragen genetische Programme in uns, die den Körper wissen lassen, welche Tageszeit und welche Jahreszeit jeweils vorherrscht. Doch diese Uhren werden stets von der Sonne und dem Ablauf der jeweiligen Jahreszeiten synchronisiert. Dieses gilt aber nicht nur für uns, sondern für viele Lebewesen. Ein deutliches Zeichen für Jahresperiodik geben uns die Zugvögel, die mit biologischem Vorwissen dem nahenden Winter entfliehen, um sich in einem anderen Kontinent, wo beispielsweise gerade Regenzeit herrscht, aufzuhalten. [...]

Unser Erleben, unser Fühlen und Denken, unser Verhalten ist gekennzeichnet durch ein Wechselspiel zwischen äußerer und innerer Zeit, der Zeit in der Natur und der Zeit, die unser Gehirn daraus macht. Äußere und innere Zeit können manchmal auch auseinander laufen, doch wir werden immer wieder von der Zeit in der Natur eingefangen; nur bei manchen Erkrankungen gelingt dieses Einfangen nicht mehr.

●

Wenn wir reisen und uns in einem anderen Land in einer neuen Zeit wiederfinden, kommt es zu einer Verschiebung unserer inneren Uhr gegenüber dem Tagesablauf unseres Reiseziels. Eine Störung der inneren Uhr bewirkt auch unsere moderne Zivilisation, indem wir die Nacht zum Tage machen. Arbeitsanforderungen wie Schichtarbeit bedeuten Stress für die innere Uhr und können zu Gesundheitsstörungen führen. Vor allem auch das jahresperiodische Programm unseres Körpers gerät in Unordnung, wenn der natürliche Tag/Nachtwechsel nicht mehr gegeben ist.

●

Es gibt vier zyklische Prozesse auf dieser Welt, an die sich das Verhalten von verschiedenen Lebewesen angepasst hat. Für den Menschen spielt hierbei der Wechsel von Tag und Nacht eine wichtige Rolle, aber auch die Jahreszeiten sind wichtig. Es gibt gleichsam innere Uhren für jahreszeitliche Veränderungen und für tageszeitliche Veränderungen. Beim Menschen beobachtet man zum Beispiel, dass bestimmte Jahreszeiten bevorzugt werden, um Kinder zu zeugen. Es werden auch bestimmte Jahreszeiten bevorzugt, um sich umzubringen. Mehr als über die Jahreszeiten weiß man allerdings über die tagesperiodische Organisation des Verhaltens. Wir wissen, dass die Körpertemperatur tagesperiodisch verläuft, unsere Befindlichkeit verändert sich tagesperiodisch – auch unsere Leistungsfähigkeit. Jede Zelle, die einen Zellkern hat, hat eine innere Uhr, die tagesperiodisch das Verhalten organisiert. Das heißt, diese innere Uhr gibt es schon seit über Milliarden Jahren.

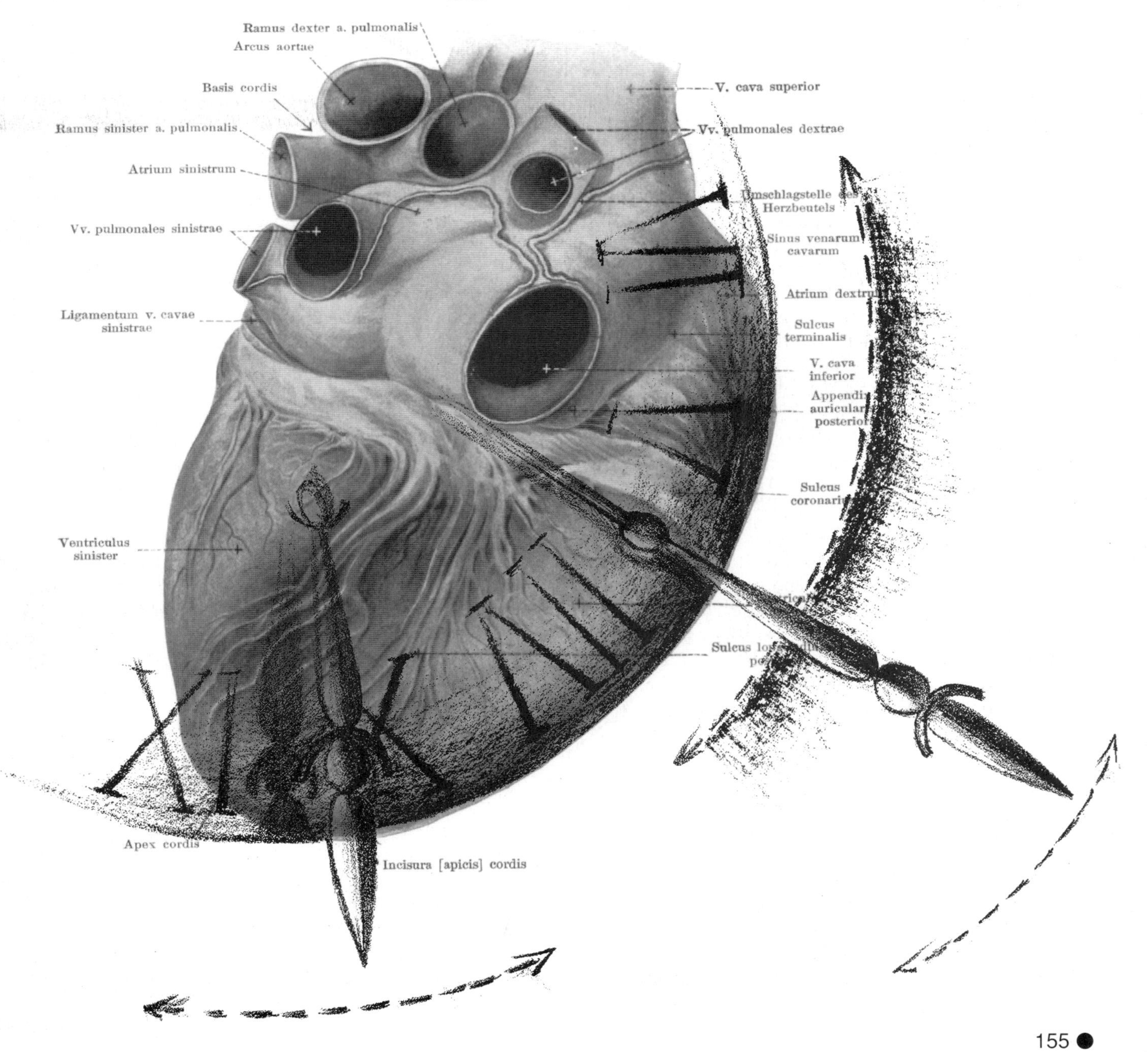

ZU 19.1 Von glücklichen Hühnern?

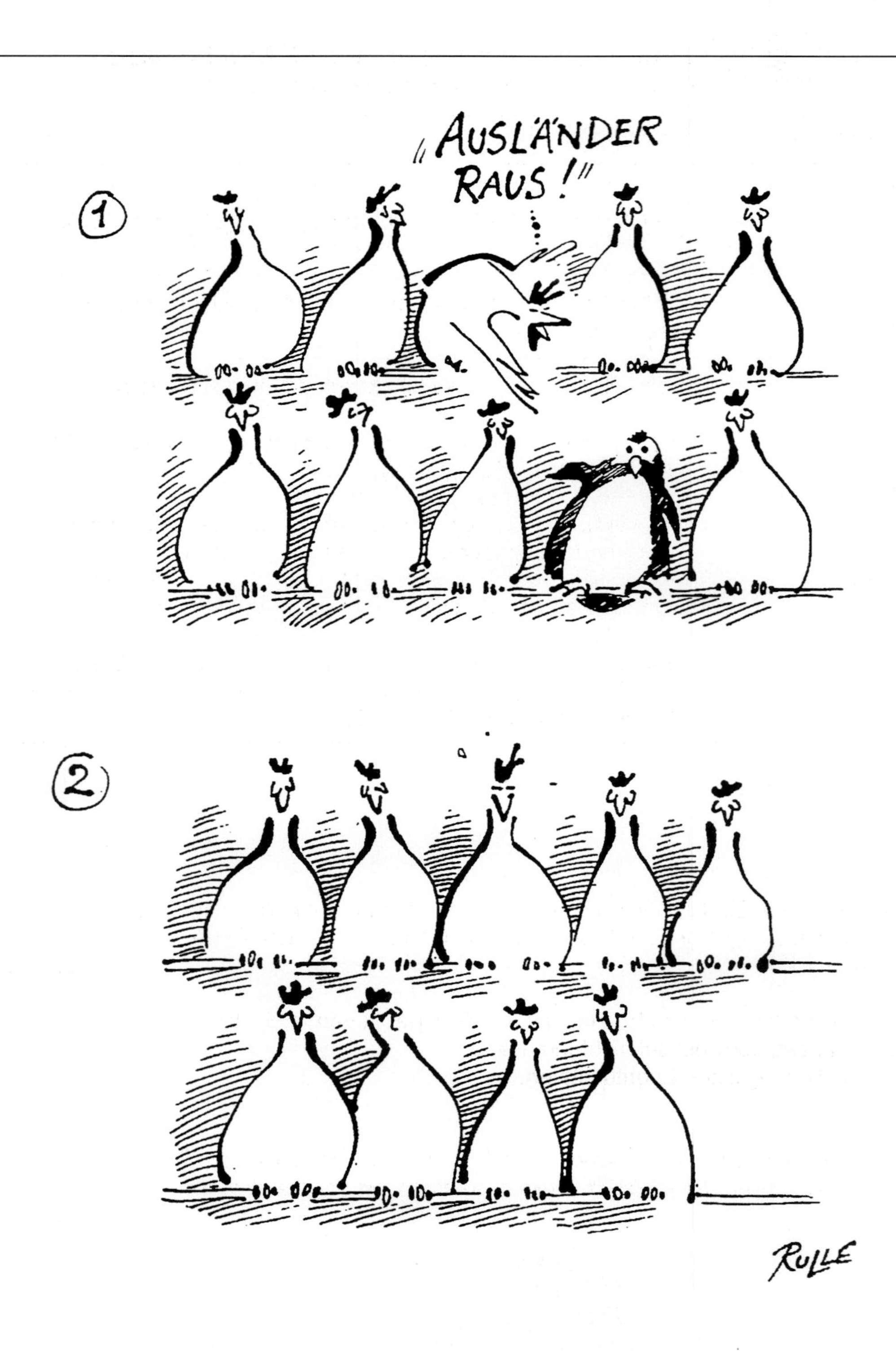

Stellen Sie den Hühnern Fragen!

ZU 19.3 Bedingungen und Voraussetzungen: Konditionalangaben

(Wiederholung, siehe SICHTWECHSEL 1, Arbeitsbuch 4.2)

Konnektor	Beispielsätze	Wortklasse
wenn ... dann	Wenn ich was zu lesen habe, (dann) langweile ich mich nie.	*Subjunktion + Adverb als Korrelat*
	Ob du morgens oder abends kommst, du bist immer gern gesehen.	
	Falls ich nicht zu Hause bin, klingle bei den Nachbarn.	
	Am Sonntag will mein Süßer mit mir segeln gehn, sofern die Winde wehn ... (Schlagerzeile)	
	Ich würde Sie gern am Montag Abend zum Essen einladen, es sei denn, Sie haben schon etwas anderes vor.	
	Hast du was, bist du was.	
	Geh nicht zu dicht ans Ufer, sonst fällst du noch ins Wasser.	
	Bei Regen findet die Feier im Saal statt.	

1. Tragen Sie in die linke Spalte das Bindewort (den Konnektor) ein und in die rechte Spalte die Wortklasse (Konjunktion, Subjunktion, Adverb, Präposition, Partikel, verbaler Ausdruck?).

2. Machen Sie ausführliche Pläne für verschiedene Gelegenheiten (z. B. Weihnachten, Urlaub, ein Fest, Jobwechsel, Prüfung usw.).
   Bedenken Sie alle möglichen Eventualitäten.

   Beispiel:
   Falls Ostern und Weihnachten auf einen Tag fallen, hängen wir die Eier an den Baum. Sollten wir keinen Tannenbaum kriegen, nehmen wir den Garderobenständer. ...

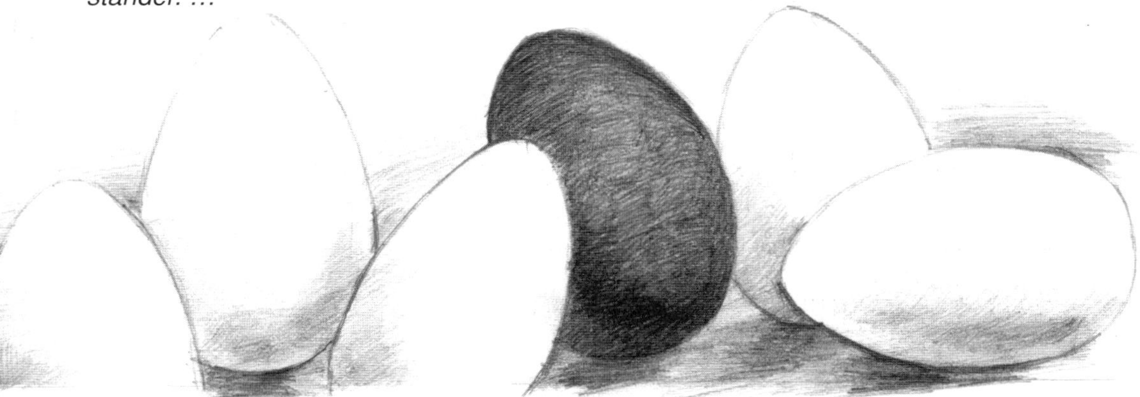

LÖSUNGSVORSCHLÄGE ZU DEN AUFGABEN IM ARBEITSBUCH

10.4.2

weil	– Subjunktion
nämlich	– Adverb
Darum/Deshalb/Deswegen	– Adverb
ja	– Partikel
doch	– Partikel
da	– Subjunktion
zumal	– Subjunktion
Wenn … dann	– Subjunktion + Adverb als Korrelat
solange	– Subjunktion
insofern als	– Subjunktion
insofern als	– Subjunktion

10.5.4

a) Das Erste benutzt seine Zähne, das Zweite spürt Zähne auf seinem Körper.
b) Die Erste hat ein Problem, die Zweite verursacht durch ihre Reize Probleme bei Männern.
c) Die Erste ist nervös, die Zweite macht nervös.
d) Der Erste macht viel Arbeit, der Zweite hat viel gearbeitet.
e) Das Erste lebt noch, das Zweite verursacht hoffentlich keine Magenschmerzen.
f) Der Erste war aufgeregt, aber ist es nicht mehr (vielleicht dank eines Beruhigungsmittels), der Zweite erzählt seinem Enkel eine Geschichte zum Einschlafen.
g) Das Erste kommt noch, das Zweite ist schon vorbei.
h) Die Ersten picken Körner, die Zweiten nennt man auch Frikassee.
i) Der Erste: Ein Mann, der liebt – der Zweite: ein Konkurrent des Ehemannes.
j) Das Erste fällt gerade vom Baum oder von der Leiter, das Zweite ist „in das falsche Bett gefallen" und ist jetzt wieder allein oder mit Baby. (Der Begriff „gefallenes Mädchen" stammt aus einer Zeit, in der eine strenge Moral den Lebenswandel junger Frauen kontrollierte, heutzutage ist er kaum mehr gebräuchlich.)

12.1.4

anders als	– Adverb + Vergleichspartikel
im Unterschied zu	– adverbialer Ausdruck
sowohl … als auch	– Adverb + Vergleichspartikel
dagegen	– Adverbialpronomen
ebenso wie	– Adverb + Vergleichspartikel
unterscheidet sich … dadurch, dass	– verbaler Ausdruck + Subjunktion
verglichen mit	– verbaler Ausdruck
ähnlich wie	– Adverb + Vergleichspartikel

13.1.2

a) Wusstest/erfahren
b) kennen lernen
c) kannst/gelernt
d) kannten
e) habe/bekomme (kriege)
f) geworden
g) bekomme (kriege)
h) wusste
i) bekommen (kriegen)
j) Kennst/kennen lernen
k) bekommen (kriegen)
l) wird/ist (wird)
m) lernen/kennen

13.1.3

a) Der Lehrer ist plötzlich krank geworden.
b) Das Bad hat mich sehr frisch gemacht.
c) Als er ihr das sagte, ist sie rot geworden (wurde sie rot).
d) Der Kaffee hat mich wieder munter gemacht.
e) Sein Haar ist in einer einzigen Nacht grau geworden.
f) Nur das Stipendium hat ihm das Studium möglich gemacht.
g) Die frische Luft macht mich sofort müde.
h) Seit ihrer Krankheit wird sie bei der Arbeit müde.
i) Seine Hilfe hat mir die Arbeit leicht gemacht.
j) Meine Finger sind in der Kälte ganz starr geworden.

13.2.3

c. maskulin: Ableitung vom Verbstamm ohne Endung
feminin: *-e, -ung, -ion*
neutral: *-nis,* Infinitiv, *Ge-*

14.1.1

obwohl/obgleich	– Subjunktion
auch wenn	– Subjunktion
jedenfalls	– Adverb
allerdings	– Adverb
trotzdem/dennoch	– Adverb (trotzdem wird auch als Subjunktion benutzt)
dabei	– Adverb
immerhin	– Adverb
trotz	– Präposition
doch	– Partikel

14.1.4-a

a) dabei – immerhin
b) immerhin
c) allerdings – trotzdem/dennoch
d) immerhin – allerdings – Trotzdem
e) Dabei – immerhin
f) immerhin
g) allerdings

14.5.2

	Schilderung	**Tabellarischer Lebenslauf**	**Ausführlicher Lebenslauf**	**Biografischer Lexikoneintrag**
Kommunikative Intention	Etwas lebendig darstellen	Biografische Information über Schullaufbahn und Berufsweg geben	Biografische Information über Schullaufbahn und Berufsweg geben	Biografische Information über Leben und Werk
Möglicher Adressat	Leser, Hörer	Möglicher Arbeitgeber	Möglicher Arbeitgeber	Leser
Was wird erwähnt?	Fakten, Alltags-details, Gefühle, Beschreibungen	Biografische Fakten	Biografische Fakten	Fakten, Hinter-grundinforma-tionen, Wertung der Person und des Werks
Satzbau	Individuell sehr verschieden; nähert sich oft der gesproche-nen Sprache an	Meist keine voll-ständigen Sätze (Telegrammstil)	Hypotaktischer Satzbau: längere Sätze mit Haupt-und Nebensätzen	Kurze Hauptsätze
Stil	Verbalstil: beschreibend, erzählend	Formalisierter Nominalstil	Formell	Neutral, sachlich-informativ

16.4.4-a

1. raten, ermahnen, empfehlen; 2. ermahnen; 3. befehlen, auffordern; 5. befehlen, auffordern; 6. ermahnen, bitten; 7. wünschen, bitten; 8. bitten, auffordern; 9. auffordern; 10. bitten, auffordern; 11. wünschen, bitten; 12. auffordern; 13. raten, empfehlen; 14. raten, empfehlen

16.4.7

a) die Lehrerin; b) die Lehrerin; c) die Mutter; d) Gott; e) ich; f)der Chef; g) der Gesprächspartner; h) der Gesprächspartner; i) die Vorschriften; j) der Gesprächspartner; k) ich; l) ich; m) der Gesprächspartner; n) die Autoren dieser Übung

16.4.8

a) du sollst nicht/brauchst nicht; b) ich muss noch nicht/brauche noch nicht; c) darfst/sollst; d) muss nicht; e) darf ... nicht; f) solltest; g) musst; h) brauchst; i) dürfen; j) dürfen; k) soll

17.5.2

a) Wenn man in der Hochsaison reist, ... (*wenn* – temporal)
b) Sofern/Wenn man ohne festes Ziel reist, ... (*wenn* – konditional)
c) Wenn Sie aussteigen, ... (*wenn* – temporal)
d) Wenn man den Personalausweis vorlegt, ... (*wenn* – konditional)
e) Obwohl so eine Tour viele Vorteile hat, ...
f) Als ich einstieg, ...
g) Weil ein großes Gedränge herrschte, ...
h) Wenn man das Gepäck aufgibt, ... (*wenn* – konditional)
i) Obwohl sie sehr vorsichtig war, ...

17.5.3

a) 1 Wenn der Preis so hoch ist, erwarte ich beste Qualität.
2 Die Kunden werden zum Kauf animiert, indem die Preise ermäßigt werden.
b) 1 Er sollte Lehrer werden, weil er so geduldig ist.
2 Wenn man geduldig ist, erreicht man fast alles.
c) 1 Wir kamen an, als es noch hell war.
2 Dieser Film soll nur belichtet werden, wenn noch genug Tageslicht da ist.
d) 1 Da er so viel Alkohol konsumiert, wundert es mich gar nicht, dass er leberkrank ist.
2 Er versuchte, seinen Kummer zu betäuben, indem er Alkohol trank.
e) 1 Während wir ein Glas Wein tranken, sprachen wir uns aus.
2 Das müssen wir feiern, indem wir eine Flasche Sekt öffnen.
f) 1 Obwohl ich dich liebe – das geht zu weit!
2 Schwierigen Kindern kann man am besten helfen, indem man ihnen viel Liebe und Verständnis entgegenbringt.

18.1–3

3. a) In unserem Urlaub ...
   b) ... auf der Reise ...
   c) Bei meinem Aufenthalt ...
   d) ... bei der Arbeit ...
   e) Auf der Fahrt ...
   f) Bei unserem Gespräch ...
   g) Auf der Wanderung ...
   h) (nicht ändern)
   i) ... beim/im Konzert ...

18.1–3

5. a) [1] Den ganzen Flug über/lang war mir furchtbar schlecht.
   [2] Auf dem Flug wurde mir auf einmal schlecht.
   b) [1] In den Ferien hat es nur ein-, zweimal geregnet.
   [2] Die ganzen Ferien über/lang hat es geregnet.
   c) [1] Während der Aufführung ging das Licht zweimal aus.
   [2] Die ganze Aufführung lang/über mussten wir stehen.
   d) [1] Am Vormittag ist der Klempner gekommen ...
   [2] Ich war den ganzen Vormittag (über) zu Haus.
   e) [1] Die ganze Zeit war ich furchtbar nervös.
   [2] Ich habe in der Zeit/zu der Zeit in Berlin studiert.
   f) [1] Im Krieg wurden viele Häuser zerstört.
   [2] Den ganzen Krieg lang/über gab es wenig zu essen.
   g) [1] Die ganze Grammatikstunde lang/über habe ich mich gelangweilt.
   [2] In der Grammatikstunde haben wir Temporalangaben gemacht.

7. Zum Beispiel:
   a) Ich bin vor einer Stunde/vor einem Tag angekommen.
   b) Ich suche dich schon zwei Stunden/seit zwei Stunden.
   c) Er hat seit Ostern/schon sechs Monate Fahrstunden.
   d) Ich habe letzte Woche/vor zwei Tagen Nachricht bekommen, dass ...
   e) ... Ich habe da zwei Jahre (lang) gelebt.
   f) ... Ich habe vor sechs Jahren zum letztenmal ...
   g) Ich habe ihn vor einem Monat bei ... kennen gelernt.
   h) ... Wir waren gerade eine Stunde unterwegs.

8. a) Wir sind vor einem Jahr eingezogen.
   b) Ich besitze/habe seit einer Woche einen neuen Wagen.
   c) Sie haben vor sechs Jahren geheiratet.
   d) Ich bin vor einer halben Stunde gekommen ...
   e) Ich habe das auch erst gestern erfahren.
   f) Ich habe erst vor kurzem Rad fahren gelernt.
   g) Wir sind schon seit acht Tagen wieder zu Hause.
   h) Heute nacht hat es zu regnen angefangen.

13. 1. Sechsmal am Tag; 2. Die zehn Minuten lange Fütterung; 3. ein- bis zweimal pro Woche; 4. jeden Tag; 5. einmal pro Monat/einmal im Monat; 6. am Abend; 7. das Bad von einer Viertelstunde Dauer; 8. An eine Nachtruhe von acht Stunden; 9. in der Nacht; 10. sogar alle zwei oder drei Stunden; 11. nachtsüber

14. a) ein zweimonatiges Stipendium
   b) keine alltägliche Situation
   c) die zweistündige Mittagspause
   d) Sprechstunden täglich
   e) ein dreijähriges Kind
   f) in zweijährlichem Rhythmus
   g) Vierwöchiger Schäferhund
   h) Allwöchentlicher Programmwechsel

19.3.1

ob – Subjunktion
falls – Subjunktion
sofern – Subjunktion
es sei denn – verbaler Ausdruck als einschränkende Phrase
--- Verb in Anfangsposition statt Subjunktion
sonst – Adverb
bei – Präposition

SCHLAGWORTREGISTER ZUM ARBEITSBUCH

Grammatikschwerpunkte

Wortschatzschwerpunkte

Lernberatung

Geschichten erzählen

QUELLENVERZEICHNIS

Texte

S. 11: Wie war das eigentlich? Aus: Kindheit und Jugend im Dritten Reich. Luchterhand-Literaturverlag1979. © Max von der Grün.

S. 15/16: Anekdote zur Senkung der Arbeitsmoral. Aus: Heinrich Böll: Gesammelte Erzählungen. Bd. 2. © 1981 by Verlag Kiepenheuer & Witsch: Köln.

S. 20: Bäume. © Walter Helmut Fritz.

S. 21: Die Wälder schweigen. Aus: Dr. Erich Kästners lyrische Hausapotheke, 1936. © Atrium Verlag: Zürich.

S. 25: Herr von Ribbeck auf Ribbeck im Havelland. © Achim Reichel/Theodor Fontane/GORILLA Musikverlag.

S. 28/29: Lady Punk im Café. Aus: Dagmar Chidolue: Lady Punk. Beltz Verlag: Weinheim und Basel 1985. Programm Beltz & Gelberg, Weinheim.

S. 34: Ich bin geworden. Aus: Peter Handke: Publikumsbeschimpfung und andere Sprechstücke. © Suhrkamp Verlag: Frankfurt/M. 1966.

S. 37: Vergnügungen. Aus: Bertolt Brecht: Gesammelte Werke. © Suhrkamp Verlag: Frankfurt/M. 1967.

S. 38/39: Edith Kannengießer. © Maria Voigt.

S. 41: Die Entwicklung der Menschheit. Aus: Erich Kästner: Gesang zwischen den Stühlen, 1932. © Atrium Verlag: Zürich.

S. 44: Aus meinem Leben. Aus: Erich Kästner: Die chinesische Mauer, Text leicht gekürzt. Aus: Der tägliche Kram, 1948 © Atrium Verlag Zürich.

S. 45: Biografischer Lexikoneintrag. Aus: dtv-Brockhaus-Lexikon.

S. 48: Der Löwe. Aus: Günther Anders: Der Blick vom Turm. © C.H. Beck'sche Verlagsbuchhandlung (Oskar Beck): München 1968.

S. 50/51: © DER SPIEGEL Nr. 31/1991.

S. 54/55: Nord ↔ Süd. Aus: Thomas Mann: Buddenbrooks. S. Fischer Verlag: Berlin 1901.

S. 56-58: © Karin Kura, Hamburg.

S. 60/61: Plakat „Was ist deutsch?“ Kampagne „Miteinander leben in Berlin“ 1993. Konzept und Gestaltung: Projektateliers GmbH, Berlin. Für die Ausländerbeauftragte des Senats. Senatsverwaltung für Soziales, Berlin.

S. 67/143: In einer Höhle am Waldrand. Aus: Hans-Joachim Gelberg (Hrsg.): Augenaufmachen. Siebtes Jahrbuch der Kinderliteratur. Beltz Verlag: Weinheim und Basel 1984. Programm Beltz & Gelberg, Weinheim.

S. 71/72: Die Suks. Aus: Elias Canetti: Die Stimmen von Marrakesch. © 1988 Carl Hanser Verlag: München/ Wien.

S. 73: Wochenend' und Sonnenschein. © by Ager, Yellen & Bornstein, Inc., USA. Rechte für Deutschland, Österreich, Schweiz, Skandinavien, osteuropäische Länder: EMI Music Publishing Germany GmbH.

S. 74: „Die mittelalterlichen Menschen“. Aus: Gurjewitsch: Das Weltbild des mittelalterlichen Menschen. Dresden: Verlag der Kunst.

S. 75: Ein Sonntag. Aus: Wörtersee. © Robert Gernhardt.

S. 75: Sonntag Sonnentag. © Ulrich Stock/DIE ZEIT vom 17. 2. 1989.

S. 76: Das Ei. Aus: LORIOTs Dramatische Werke . © 1983 by Diogenes Verlag AG Zürich.

S. 77-79: Eins nach dem anderen oder alles gleichzeitig. Aus: Edward T. Hall: Verborgene Signale. Hrsg. Gruner + Jahr: Hamburg 1983. © Edward T. Hall, Santa Fe, New Mexico.

S. 81/82: Der Lesende. Aus: Alfred Andersch: Sansibar oder der letzte Grund. © 1970 by Diogenes Verlag AG: Zürich.

S. 84/85: Text und Musik: Konstantin Wecker © 1992 by Edition Wecker des GLOBAL Musikverlages: München.

S. 96: © srt Touristik Bild.

S. 97: Bäume mit rotem Punkt. ZDF © Lydia Goll.

S. 99: Alle Stichwörter außer „Biergarten“. Aus: Meyers Großes Taschenlexikon in 24 Bänden. /Brockhaus Enzyklopädie, 19. Auflage. „Biergarten“. Aus: Langenscheidts Großwörterbuch Deutsch als Fremdsprache. Langenscheidt: Berlin und München 1993.

S. 101/102: Schulinsel Scharfenberg © WDR/Rüdiger Becker.

S. 105/106: Roland Schmidt. © Karin Kura/DIE ZEIT.

S. 106/107: Sandra Christiansen. © Rainer Kreuzer/DIE ZEIT.

S. 112: Lernberatung „Textaufbau“. Aus: Hans Jürgen Heringer: Grammatik und Stil. Cornelsen Verlag/ Hirschgraben: Frankfurt/M. 1989.

S. 114: Pflicht und Kür: Sophie auf halbem Weg. Aus: Jutta Voigt: Sonntag, Ost-Berlin./DIE ZEIT.

S. 116: Lebensträume. © 3sat.

S. 139-141: Glückliche Reklamation. © Peter Sandmeyer/STERN.

S. 154/155: Die Zeit in der Natur, die Zeit in uns. © 3sat .

Abbildungen

S. 10: © Michael Seifert, Hannover.

S. 12/13: © VISUM/Rudi Meisel, Hamburg.

S. 16: © Hans Traxler. Frankfurt/M.

S. 18: © VG Bild, Bonn.

S. 20/21: Bilder unten. © C. Griesche, Meckenheim.

S. 21: Bild oben. © BAVARIA Bildagentur/H. R. Bramaz.

S. 24/96: © srt Touristik Bild.

S. 26: Bild 1: © AKG Berlin.
Bild 2: © Anthony, Starnberg/Lauer.
Bild 3: © Anthony, Starnberg/Anthony.
Bild 4: © Rainer Kunert.
Bild 5: © Jörg Cassardelli, München.

S. 28/29: © Christian G. Irrgang, Hamburg.

S. 34: Embryo. © D. Bromhall/DSF/OKAPIA

S. 35: © Borislav Sajtinac, München.

S. 38: © Sabine Martens, Hamburg.

S. 40: Cartoon. Aus: Neue Osnabrücker Zeitung. © Fritz Wolf.

S. 41: Affe. © Tierbildarchiv Angermayer, Holzkirchen.

S. 42/113: © argus/Mike Schröder.

S. 44/45: © AKG Berlin.

S. 46/47: Nonne © amw Pressedienst, München. Gemälde „Königin Viktoria“ AKG Berlin. Inder © BAVARIA Bildagentur. Alle anderen: Henk Jan Jager.

S. 48/67/143/157: Bruin van der Duim.

S. 49: © ZENIT/Gust, Berlin.

S. 52/53: © Heinz J. Kuzdas, Berlin.

S. 54: © Franz Josef Rüdel, Wentorf.

S. 56/57/58: © Gundula Nitschke, Hamburg (4 Fotos). © Bruin van der Duim, Groningen (1 Foto).

S. 62: Wittenberg Marktplatz © Dörr-Wessels, Koblenz. Luther © AKG Berlin.

S. 63: Cartoon. Aus: Marie Marcks: Schöne Aussichten. dtv Taschenbuchverlag. © Marie Marcks.

S. 64/65: Bild 1: © Bilderdienst Süddeutscher Verlag, München.
Bild 2: © FOCUS/B. C. Möller, Hamburg.
Bild 3: © dpa/München.
Bild 4: © Olaf Krohn, Hamburg.
Bild 5: © BAVARIA Bildagentur.
Bild 6: © Frederika Hoffmann, Hamburg.

S. 68: © Lutz Kleinhans/Frankfurter Allgemeine Zeitung.

S. 69/145: © Deutsche Bundesbahn.

S. 74: privat.

S. 75: © Erika Sulzer-Kleinemeier, Gleisweiler.

S. 80/156: © Andreas Rulle, Münster.

S. 81: © Stadtverwaltung Rerik.

S. 83: © Ernst und Hans Barlach Lizenzverwaltung, Ratzeburg.

S. 84/ 85: Demonstration von Rechten © Das Fotoarchiv Christoph & Mayer GmbH. Gruppe friedlicher Menschen. © Süddeutscher Verlag, Bilderdienst. Konstantin Wecker © Hermann Roth tv Pressebild.

S. 86: Vorlage für Sportlerbild © Offpress NV Brüssel.

S. 96: © srt Touristik Bild.

S. 98: © Robert Gernhardt, Frankfurt/M.

S. 105: © Irmgard Long, Frankfurt/M.

S. 107: © Sabine Martens, Hamburg.

S. 111: Aus: e.o. plauen: Vater und Sohn, Gesamtausgabe. © Südverlag GmbH: Konstanz 1982. Mit Genehmigung der Gesellschaft für Verlagswerte GmbH: Kreuzlingen/Schweiz.

S. 121/122: © Ullstein Bilderdienst, Berlin.

S. 129: Mit freundlicher Genehmigung von Condor Flugdienst GmbH.

S. 134/135: privat.

A. 136/137: privat.

S. 138-141: © Bruce Meek, Wien.

S. 146/147: © Kraufmann & Kraufmann, Stuttgart.

S. 169: Caspar David Friedrich: Auf dem Segler. © AKG Berlin.

UND SO GEHT ES WEITER IN SICHTWECHSEL 3 ...

FÜNFTER BEREICH: **KOMMUNIKATIVE ABSICHT UND SPRACHLICHE REALISIERUNG**

	Inhalt	Seiten Textbuch	Seiten Arbeitsbuch	Interkulturelles Lernen	Weitere Schwerpunkte	Grammatik	Strategien Fertigkeiten
20	**INTENTION UND VERSPRACHLICHUNG**						
20.1	Wie geht's?	10	86	Ritualisierte Sprechhandlungen			FT Sprechen: Höflichkeit; Stimme und Körper
20.2	Telefongespräch zwischen Vater und Sohn	11	88			Sprechhandlungen: Ja sagen, Nein sagen	Hören: Dialog (Kassette) FT Sprechen: Stimme und Körper
20.3	Das Wiedersehen Bertolt Brecht	11	89	Interpretation von Sprechhandlungen		Sprechhandlungen: Register; Leistungen der Funktionsverbgefüge	FT Sprechen: Stimme und Körper
20.4	Damals Hans Magnus Enzensberger	12	94	Kulturspezifische Sprechhandlungen	Textaufbau: Verweisstrukturen		FT Lesen: Verweismittel FT Hören: Capri Fischer (Kassette) FT Schreiben: Verweismittel
20.5	„Breitet die Arme aus!" (Z)	14	99	Kulturspezifische Körpersprache			FT Lesen: „Breitet die Arme aus!" (Z) Kulturspezifische Gestik
21	**RITUALE: MÄNNER UND FRAUEN**						
21.1	Liebesgedicht Unbekannter Dichter	16					Hören: Gedicht (Kassette)
21.2	Stationen einer Beziehung	17	100	Was „man" so tut ...		Wiederholung: Temporale Satzverbindungen, Temporalangaben	FT Schreiben: Brief
21.3	Die Welt der Düfte	18	103				FT Hören: Die Welt der Düfte FT Lesen: Immer der Nase nach (Z) (Kassette)
21.4	Alexander Sten Nadolny	19		Gesprächsthemen: „Topics"			Spiel
21.5	Diskussion: Zusammenleben oder nicht?	21	107	Kontrastieren		Kontrovers diskutieren: Redemittel	FT Hören: Diskussion: Zusammenleben oder nicht? (Kassette)
21.6	Lied: Männer Herbert Grönemeyer	22		Stereotyp und Ironie			Hören und schreiben (Kassette)

Erläuterungen:
Literarische Texte sind mit den Namen der Autoren gekennzeichnet. Z = Texte aus Zeitungen und Zeitschriften.
FT bedeutet: Fertigkeitstraining, z. B. FT Hören = Fertigkeitstraining Hören. (Kassettensymbol) = Dieser Text ist auf Kassette.

FÜNFTER BEREICH: **KOMMUNIKATIVE ABSICHT UND SPRACHLICHE REALISIERUNG**

22 GESPRÄCHSSTRATEGIEN

INHALT	SEITEN TEXTBUCH	SEITEN ARBEITSBUCH	INTERKULTURELLES LERNEN	WEITERE SCHWERPUNKTE	GRAMMATIK	STRATEGIEN FERTIGKEITEN
22.1 Jemand möchte sich von einem Freund Geld leihen	23	108	Kulturspezifische Gesprächsabläufe; Wörtliche und kommunikative Übersetzung			Hören: Dialog FT Sprechen: Gesprächsaufläufe
22.2 Jemanden zu etwas überreden	24	110		Analyse der Gesprächsstrategie	Gesprächssteuerung durch Partikeln: Modalpartikeln im Fragesatz	Hören: Dialog FT Sprechen: jemanden zu etwas überreden
22.3 Fragen stellen	25	110			Fragen stellen; Gesprächssteuerung durch Partikeln	
22.4 Sprichwörter	26	112	Sprichwörter im Kulturvergleich: Werte	Sprichwörter als Argumente; Deutsche Sprichwörter	Verallgemeinern: Subjekt- und Objektsätze; Erläuterungen: W-Wort oder Relativpronomen	

23 REGISTER

INHALT	SEITEN TEXTBUCH	SEITEN ARBEITSBUCH	INTERKULTURELLES LERNEN	WEITERE SCHWERPUNKTE	GRAMMATIK	STRATEGIEN FERTIGKEITEN
23.1 Die Stachelschweine Arthur Schopenhauer	28	114	Diskussion: Was ist höflich?		Wechselverhältnisse ausdrücken: Reziprokpronomen	
23.2 Besuch aus der Vergangenheit Herbert Rosendorfer	29		Diskussion: Was ist höflich?			
23.3 Der Ton macht die Musik	30	115		Scherz, Ironie und Sarkasmus	Register: jemanden kritisieren (Redemittel); Ironie und Sarkasmus; Indirekte Kritik: Konjunktiv II, *sollte*	FT Sprechen: Stimme und Körper; Kritik äußern Beethoven: Hymne an die Freude
23.4 Wer spricht wie mit wem? Manfred Bieler	31	117	Diskussion: Mit wem spricht man wie		Register: jemanden anreden	FT Sprechen: Anreden, Komplimente
23.5 Liebesbrief Kurt Tucholsky	31	118	Vergleich von Registermerkmalen	Register und Stil	Register: begründen und erklären	FT Sprechen und FT Schreiben: Entscheidungen begründen
23.6 Besuchstag Manfred Bieler	32	120		Wortfeld: Recht und Gesetz	Merkmale formeller Sprache (Beamtensprache); Wortbildung: Negativpräfixe bei Verben: *ver-, zer-, ent-, miss-*	FT Lesen: Mitgefangen – Mitgehangen (Z) FT Schreiben: Leserbrief

FÜNFTER BEREICH: **KOMMUNIKATIVE ABSICHT UND SPRACHLICHE REALISIERUNG**

24 TEXTSORTENKONVENTIONEN

	Inhalt	Seiten Textbuch	Seiten Arbeitsbuch	Interkulturelles Lernen	Weitere Schwerpunkte	Grammatik	Strategien Fertigkeiten
24.1	Geh mir aus der Sonne! Melanie Jaric	35	128	Verstoß gegen Textsortenkonventionen; Kommunikative Übersetzung	Wortfeld: Wetter		LERNBERATUNG: Wörter lernen Schreiben: Gedicht, Tagebuch
24.2	Ein Erlebnis im Zoo James Krüss	36	131	Vergleich von Textsortenmerkmalen		Textsortenmerkmale: Satzstruktur, Satzstellung, Redewiedergabe, Zeitengebrauch, Wortstellung im Satz	Hören: verschiedene Texte FT Schreiben: Wortstellung und Wirkung Spiel
24.3	Stell dir vor, was mir gestern passiert ist!	38	134			Erzählen (schriftlich oder mündlich): Zeitengebrauch, Modalpartikeln im Aussagesatz	FT Hören: Stell dir vor, was mir gestern passiert ist! FT Schreiben: Brief FT Sprechen: Geschichten erzählen VIII
24.4	Der Handstand auf der Loreley Erich Kästner	39			Gedicht interpretieren aus seiner Entstehungszeit		FT Schreiben: Verschiedene Textsorten Hören: Gedicht
24.5	Notfall-Seelsorge	41	139				FT Hören: Notfall-Seelsorge

25 TEXTSORTEN: SACH- UND GEBRAUCHSTEXTE

	Inhalt	Seiten Textbuch	Seiten Arbeitsbuch	Interkulturelles Lernen	Weitere Schwerpunkte	Grammatik	Strategien Fertigkeiten
25.1	Kuchenrezepte aus europäischen Ländern	42	140	Kulturspezifische Textsortenmerkmale; Kommunikative Übersetzung	Wortfeld: backen		Projekt: Gebrauchstexte sammeln und analysieren LERNBERATUNG: Gebrauchstexte schreiben
25.2	Der Holzschutzmittel-Prozess (Z)	45	141	Bedeutungen erarbeiten	Wortfeld: Umweltgifte/Gesundheit		FT Hören: Am Anfang war die Chrysanthemenblüte
25.3	Definitionen (Lexikon)	46	142	Kulturspezifische Unterschiede bei Lexikoneinträgen	Wortfeld: Rad und Technik	Nominalstil: Partizipien als attributive Adjektive	FT Lesen: Rat zum Rad (Z)
25.4	Lehrmeisterin Natur Robert Gernhardt	48	146		Leistungen des Nominalstils	Nominalstil: Nominalisierungen, Präpositionen (Schriftsprache)	Hören: Gedicht Schreiben: Register-/Stilwechsel
25.5	Die Hand (Sachtext) Elias Canetti	48	150		Nominalstil: Stilanalyse	Nominalstil: Veränderung der Wertigkeit des Verbs (Verbvalenz) durch Präfix *be-*	

SECHSTER BEREICH: **MANIPULATION DURCH SPRACHE**

	Inhalt	Seiten Textbuch	Seiten Arbeitsbuch	Interkulturelles Lernen	Weitere Schwerpunkte	Grammatik	Strategien Fertigkeiten
26	**ZEITUNGSSPRACHE**						
26.1	scheinsubjekt Rudolf Otto Wiemer	52	152			Wortbildung: Verbalsuffix *-eln;* Gebrauch von *es*	Hören: Gedicht Schreiben: einen Paralleltext schreiben
26.2	Zeitungsmeldungen (Z)	53	154		Merkmale des Zeitungsstils	Berichterstattung: Wer hat es getan?: Gebrauch von Aktiv oder Passiv; Partizipien	
26.3	Jugendbanden (Z)	54	155	Vergleich von Zeitungstypen	Zeitungsvergleich Stil und Inhalt: überregionale Tageszeitung, Lokalblatt	Zeitungsstile: Wortstellung; Klassenbildung: Komposita	FT Schreiben: Zeitungsmeldung Schreiben: Gedicht Hören: Gedicht
26.4	Obdachlos!	56	160				FT Hören: Obdachlos!
26.5	Lied: Was für ein Ticker ist ein Politiker? Georg Kreisler	56				Wortbildung und Wortakzent; Komposita: Personenbezeichnungen	FT Hören: Lied
26.6	Reporter auf der Jagd nach dem Unglaublichen (Z)	58	161		Sensationsmeldungen	Wiederholung: Bedeutung der Präpositionen	Hören: Radiomeldung FT Sprechen: Stell dir vor … FT Schreiben: Sensationsmeldung
26.7	„Er ist mir ins Messer gelaufen“ (Z)	58	166		Berichterstattung oder Kolportage?	Redewiedergabe: Modalverben; Redeeinleitende Verben	Schreiben: Zeitungsmeldungen
27	**WERBESPRACHE**						
27.1	Und ewig lockt Tirol (Z)	59		Wertewandel			
27.2	Werbung in Deutschland (Z)	60	168	Werbung im Kulturvergleich		Werbesprache: Wortbildung Adjektivkomposita; Passivumschreibungen: aktive Konstruktionen mit passivischer Bedeutung; passivisches Partizip Präsens als Attribut	
27.3	Die Deutschen in der Rasterfahndung (Z)	63	178	Werbung und Zielgruppen			Projekt: Werbung im Kulturvergleich FT Lesen: Alle Hände voll zu tun (Z)
27.4	Kunst im U-Bahnhof?	66	181				FT Hören: Kunst im U-Bahnhof?

SECHSTER BEREICH: **MANIPULATION DURCH SPRACHE**

	Inhalt	Seiten Textbuch	Seiten Arbeitsbuch	Interkulturelles Lernen	Weitere Schwerpunkte	Grammatik	Strategien Fertigkeiten
28	**SPRACHKOSMETIK**						
28.1	Vor„schläge“	67	182	Manipulation durch Sprache		Wortbildung: Präfix *vor-*	
28.2	Fremdwörter Margarete Jehn	67	182	Sprachvergleich: Funktion und Wirkung von Fremdwörtern	Argumentationsstrategien analysieren	Diskurssteuerung: Modalpartikeln im Aufforderungssatz	FT Hören: Fremdwörter FT Sprechen: Dialoge
28.3	In der Klasse	68		Wahrnehmungsschulung			
28.4	Jeder hat das Recht, es sei denn … – Grundgesetz – Die drei Lesungen des Gesetzes Peter Handke	69	189		Grundrechte: Gesetz und Interpretation	Einschränkungen: Redemittel und Konnektoren; Grammatik und Stil: Klartext reden	FT Lesen: Grundgesetz für die Bundesrepublik Deutschland
28.5	Bundestagsrede Loriot	72			Wortgeklingel	Sprechhandlung und sprachliche Realisierung	Hören: Bundestagsrede FT Sprechen: Reden und auch etwas sagen
28.6	Schön verlogen (Z)	74	190	Euphemismen: kulturspezifische Werte und Tabus	Euphemismen analysieren	Wortbildung; Stilübung: Euphemismen und Klartext	
28.7	NichtraucherInnenschutzgesetz	76	190				FT Hören: NichtraucherInnenschutzgesetz
29	**KITSCH UND PARODIE**						
29.1	Das Mädchen und der Förster Jenny Belitz	77	191	Kitsch im Kulturvergleich	Kitsch: Klischees und Evasion	Trivialliteratur: Grammatik und Stil	FT Sprechen: Geschichten erzählen IX
29.2	Lied: Toastbrotbaby Die Doofen	82					Hören und singen
30	**AUSKLANG**						
30	Fisches Nachtgesang Christian Morgenstern	83					FT SCHWEIGEN

ARBEITSBUCH

192 Lösungsvorschläge zu den Aufgaben im Arbeitsbuch
198 Schlagwortregister zum Arbeitsbuch
199 Quellenverzeichnis